Faszinierende Frauen und ihre Gärten

Meinem Mann Frank Markwald gewidmet, der seit 35 Jahren behauptet, „von Gärten verstehe ich nichts" – und dennoch sicher ist, dass auch Liebe ein Garten ist.

Eva Kohlrusch

INHALT

6 *Wenn Frauen Gärten lieben*
EINLEITUNG

14 *Das Leuchten im Schatten der Bäume*
VIKTORIA VON DEM BUSSCHE,
„MUTTER ALLER GARTENEVENTS"

22 *Die Ewigkeit auf ein paar Quadratmetern*
EVA DEMSKI, SCHRIFTSTELLERIN

28 *Opulenz und tiefe Ruhe*
BRIGITTE VON BOCH, HERAUSGEBERIN, UNTERNEHMERIN,
AUTORIN, STIL-EXPERTIN

36 *Ein Magnolientraum*
ANDREA KÖGEL, CHEFREDAKTEURIN

40 *Königliche Gartenkultur*
GABRIELLA PAPE, LANDSCHAFTSARCHITEKTIN

46 *Träumereien unterm Ginkgobaum*
INGRID NOLL, KRIMI-AUTORIN

52 *Rosenrausch und Gartenlust*
MONIKA KASBERGER, FRISEURIN, GARTEN-AUTODIDAKTIN

58 *Ein Garten wie ein Schiff*
GABY HAUPTMANN, BESTSELLER-AUTORIN

64 *Meisterwerk aus Ramblern und Stauden*
URSULA SCHNITZKE-SPIJKER, KERAMIKERIN,
GARTEN-AUTODIDAKTIN

72 *Ein alter Garten, gehütet als Zeitzeuge*
USCHI DÄMMRICH FREIFRAU VON LUTTITZ,
FERNSEH-MODERATORIN

78 *Geliebte Wildnis mit Historischen Rosen*
CLAUDIA WOLF, ROSENHÄNDLERIN UND -ZÜCHTERIN

84 *Die Farbe Lila*
RENDEL BARTON, SOZIALPÄDAGOGIN, GARTEN-AUTODIDAKTIN

92 *(Ein Hauch) Exotik am Luganer See*
ANN-KATRIN BAUKNECHT, GENERALKONSULIN

98 *Rosenträume im Marienschlössl*
CATHERINE GRÄFIN MATUSCHKA, SCHLOSSBESITZERIN

104 *Rhythmus und Wiederholung*
ILKA MAHRO, GARTENPLANERIN

112 *Ein Garten wie ein „Pflückchen Grün"*
FREDERIKE FREI, POETIN

116 *Pinienduft für Constance Spry*
PETRA STEINER, MARKETING-EXPERTIN, GARTEN-AUTODIDAKTIN

122 *Das geheime Reich des Kohlweißlings*
HANNELORE MATTISON THOMPSON, GARTEN-AUTODIDAKTIN

128 *Das Fürstentum der Schmetterlinge*
ELISABETH FÜRSTIN VON BISMARCK, MANAGERIN

134 *Zurück zu den Wurzeln*
ANKE KUHBIER, GRÜNDERIN „GARTENGESELLSCHAFT"

142 *Liebeserklärung an Hortensien*
MARIANNE SALENTIN-TRÄGER, PR-UNTERNEHMERIN

146 *Wo der Regen im Laub flüstert*
ERIKA PLUHAR, KÜNSTLERIN, AUTORIN, REGISSEURIN,
SCHAUSPIELERIN

152 *In jedem Beet schläft ein Traum*
MARIANNE RUSCH, FLORISTIN

158 *Ein Park ist ein Park ist ein Park*
LIZ MOHN, UNTERNEHMERIN, MÄZENIN

164 *Anhang, Adressen*

EINLEITUNG

Wenn Frauen Gärten lieben

Seite 2 und 3: Aus dem Garten von Rendel Barton
Seite 4: Blick in den Garten von Hannelore Mattison Thompson

Mit der Rose beginnt es – sie steht am Anfang aller Planungen. Kein Garten ohne sie. Neu ist, dass sie immer ungebärdiger eingesetzt wird. Wie hier die Ramblerrose „Bobbie James".

Das Paradies? Meins war ein Gemüsegarten mit einem kleinen Erdbeerfeld. In der Morgenkühle, ein paar Stunden vor Schulbeginn, setzte der Großvater mich auf sein Fahrrad, und wir fuhren zum Ernten. Ich erinnere mich an silbrige Junihimmel, an den Geruch frischer Erde und eine verzaubernde Ruhe. Ein paar Stunden lang bestand die Welt nur aus seinem und meinem Schweigen und dem herben Gesang der Grillen. Wenn fast alle Körbe gefüllt waren, sagte er: „Eine Handvoll ist für dich." Und dann biss ich halb gierig, halb andächtig in die Früchte. Jede Erdbeere ein kleines Gemälde. Kostbares Gut waren sie; meine Großeltern verkauften sie an eine Konditorei; manchmal rettete das den Etat eines Monats. „Darfst noch mehr nehmen", sagte er dann, „aber nicht Oma sagen." So hatten wir unser Geheimnis. Immer sind Gärten Metaphern fürs Leben. Unzählige Erinnerungen sind in ihnen vergraben. Und die Sehnsucht, sie neu zu erleben. Wenn du selbst einen Garten anlegst, begegnen dir die alten Geschichten, als seien sie fort und fort erzählt durch die Menschheitsgeschichte, und in manchen Momenten im Garten ist zu spüren, wie sich die alten und neuen Mythen verweben.

Würden wir von sehr hoher Höhe in die Gärten schauen, sähen wir dies: Menschen, die in großer Ruhe von Beet zu Beet wandern, jätend, rupfend, schneidend und hier und da eine Ranke bindend. Sie hacken und rechen und sammeln Laub. Alles in tiefernster Beschaulichkeit. Etwas sehr Intimes sähen wir: Hingabe. Verbundenheit. Der Mensch in seinem Garten ist an einem geheimen Ort, der sich nur ihm ganz erschließt. Er nennt das sein Paradies, sein Arkadien, obwohl er dort Stunden um Stunden mit Arbeit verbringt. Hört man Männer wie Frauen über ihre Gärten reden, werden sie schwärmerisch und gehen mit Inbrunst ins Detail aller möglichen Pflanzenbeschaffenheiten. Das kann denen, die sich aus Gärten nichts machen, ganz schön auf die Nerven gehen; sie halten derlei Anwandlungen für einen intellektuellen Irrtum.

Doch die Zahl der gärtnernden Menschen wächst und wächst. Insbesondere unter den Frauen. Während Männer beschlossen zu haben scheinen, sich am Herd zu profilieren, ist eine Armada von Frauen in die Pflanzenmärkte und Gartenkurse geströmt, hat Wissen gesammelt, tauscht es aus, experimentiert mit Gartenszenerien als gelte es, die Formel des Lebens auszuloten. Ein durchaus bemerkenswerter neuer kleiner Unterschied: Männer kochen, Frauen gehen in den Garten. Was sie dort finden, eint beide. Der Garten ist auch eine Metapher für die Liebe. Er bezaubert, macht Herzklopfen, wie es die Verliebtheit tut. Er ist einfach da. Du kennst ihn gut. Er erfreut dich und ist doch ein eigenständiges Wesen mit ganz eigenen Kapriolen. Wie nach langer Ehe.

Wenn Frauen Gärten lieben, fühlen sie sich gefeit gegen alles: Gegen Stress, Banalitäten, Niederlagen, Unruhe des Alltags, Langeweile, Hoffnungslosigkeiten. Nichts haut sie um, außer vielleicht, wenn flächenweise der Buchs davonstirbt oder der älteste, schönste, bizarrste Birnbaum zusammenbricht. Tapfere Gärtnerinnen gibt's, die sogar angesichts reißender Hochwasserfluten in den Rosenbeeten nicht den Kopf verlieren. „Der Schlamm hat zwar alle Pflanzen mitgerissen, aber auch den Boden gedüngt", befand Claudia Wolf – eine der Gartenenthusiastinnen, die wir in diesem Buch vorstellen. Mit dem Garten leben heißt, sich auf Verlust und Neubeginn einzustellen, auf Geduld und das Talent, sich überraschen zu lassen. Wohin führt das?

In vorausgegangenen Buch – „Besondere Frauen und

Stauden sind die neuen Favoriten. Queen Elizabeth II. zeichnete 2007 die international arbeitende Landschaftsarchitektin Gabriella Pape mit der Silbermedaille der Chelsea Flower Show aus – was einem Oscar gleichkommt.

ihre Gärten" – haben wir benannt, welche Rolle Gärten für Frauen spielen: Sind Rückzugsraum, stilles Refugium, Ort für schöpferisches Tun und Unabhängigkeit, spiegeln die eigene Persönlichkeit, sind Kraftfeld, das „Zimmer für sich allein" oder Treffpunkt für Geselligkeit und fürs Träumen. Immer eins mit der Natur. Verwachsen, verwoben, der Ort, an dem die Gedanken fließen und neue Erfahrungen aufbrechen. „Es denkt sich so schön bei der Gartenarbeit", sagte die Bäuerin Elisabeth Lang; „manchmal denkt es von ganz allein in mir." Die Schriftstellerin Barbara Frischmuth hob die ganz andere Symbiose mit dem Garten hervor: „Paradiesisch ist hier gar nichts. Es ist alles diffiziler … Um Mord und Totschlag geht es im Garten … Um Pflanzen, die andere erwürgen, überwuchern, vergiften. Und wir mittendrin …" So oder so entsteht daraus eine Liebesgeschichte.

Der wollen wir in diesem Buch noch einmal nachspüren. Und hervorheben, welche Wunderwerke Gartenliebhaberinnen heute aufgrund dieser Lovestory kreieren. Immer noch scheinen Rosen die Begleiterinnen zu sein, die am meisten bezaubern – neu arrangiert, oft sehr frei in die Landschaft gesetzt, um dort nach Jahren ganze Rosengebirge zu bilden; manchmal mit wildem Geist in eng bepflanzten Beete platziert, wo sie überraschend ungebändigte Szenerien bilden. Der Siegeszug der Alten und der historischen Rosen ist allgegenwärtig. Rankende Sorten überziehen immer schönere Treillagen, Pavillons und Pergolen, oft noch übertrumpft durch Rambler, die Bäume überwuchern oder sich mächtig an Hauswänden entlangziehen. Neu ist die Lust, sich auf die genaue Kennerschaft von Stauden einzulassen. Das Wissen um Pflanzengesellschaften hat sich verfeinert; immer mehr Frauen besuchen Kurse, lesen sich satt an Standortbedingungen und den Regeln einer Pflanzensoziologie. So haben in jüngster Zeit Sterndolden, Spornblumen, Gaura, Verbenen das Rennen gemacht. Aus der Vergessenheit sind Goldlack, Scabiosen, Ringelblumen, Löwenmäulchen auferstanden. Der Einsatz von Gräsern ist für die meisten Gärtnerinnen so aufregend geworden wie das Komponieren monochromer Blattkompositionen.

> »Wenn Frauen Gärten lieben, fühlen sie sich gefeit gegen alles«

„German style planting" nennen die Engländer das und beschwärmen es als „Staudenrevolution", wie die Landschaftsarchitektin Gabriella Pape berichtet, die in England studierte und arbeitete, 2007 die Silbermedaille der Chelsea Flower Show gewann und kurz danach nach Berlin-Dahlem kam, um dort die Königliche Gartenakademie wiederzuerwecken und zu leiten.

Der dritte neue Rausch betrifft die Sehnsucht nach Gemüsegärten. Andrea Kögel, Chefredakteurin von vier Gartenzeitschriften, träumt von einem Gourmetgarten. Brigitte von Boch hat bereits einen, mit dem sie die ganze Familie und ihre Gäste beköstigt. Anke Kuhbier, die Gründerin der „Gesellschaft zur Förderung der Gartenkultur" (kurz „Gartengesellschaft"), hat seit Jahren die Kunst ihres Gemüseanbaus zur Mitte ihres Gartens gemacht. Neu angefacht hat jüngst Michelle Obama die Gemüselust mit ihrem Vorstoß, im Garten des Weißen Hauses auf eigene Faust einen Potager anzulegen. Da sieht man Amerikas First Lady nun Kohl, weiße Rüben und 11 Sorten Salatpflanzen großziehen. Ihr Ziel ist, mit ihrem Vorbild vor allem der Jugend Hunger auf Gemüse zu machen; mehr noch scheint sie es selber zu genießen, mit den Händen in Erde greifen zu können.

Immer sieht man Gartenenthusiastinnen die Freude an, mit Saatgut umzugehen und eigenhändig Pflänzchen zu pikieren. Das eigentliche Begehren liegt jedoch darin, etwas großes Ganzes zu erschaffen. Das innere Bild, das sie von ihrem eigenen Garten haben. Das Sehnsuchtsbild, das ästhetisch und emotional ansprechen – ach, überwältigen soll. Fast alle haben mit tastenden Schritten begonnen. Das Übliche. Ein Beet an der Terrasse, ein paar Rosenstöcke, die Schaukel fürs Kind. Keine, die nicht Fehler gemacht hätte. Selbst Viktoria von dem Bussche, die Könnerin, hat völlig falsch begonnen, als sie in frühen Jahren die wilde kleine Blumengesellschaft aus dem Garten ihrer Kindheit vors Ippenburger Schloss zu pflanzen versuchte. Heute scheint sie mit offener Geste immer ein Bild von sich selbst in die Beete zu gießen. Großzügig, gewagt, herrlich, alle Einfälle der Gartenkulturgeschichte zitierend. Andere Frauen haben gewitzte Ideen umgesetzt, wie die Romanautorin Gaby Hauptmann mit ihrem Drei-Etagen-Gärtlein auf einem Schiffsdeck. Hannelore Mattison Thompson hat aus dem

Diese Gartenszenen zeigen, wie opulent Rosen und Stauden heute kombiniert werden. Gemixt mit Sträuchern und Buchs oder in weiten Drifts angeordnet mit Rosen im Hintergrund.

Begehren nach klassischer, schöner Ordnung einen formalen Garten von heiterer Leichtigkeit entstehen lassen. Rendel Barton hat die verschieden Stimmungen ihres Gartens mit sanften Farben zu einer unverkennbar eigenen Melodie verschmolzen.
Allen hätte man zuschauen mögen, wenn sie wie die Stabhochspringerinnen mit geschlossenen Augen ihre Schrittfolge im Kopf durchgingen. Die Arme erhoben, als müssten sie sich in alle Richtungen ausbalancieren; mit wiegenden Händen ausformend, was da gleich gelingen soll. Manche Gärten sind zwar wie zufällig entstanden, ein Beet folgte dem anderen. Doch existiert für wahre Gartenkünstlerinnen ein zumindest erahntes Gemälde, auf dessen Grundstimmung und Perfektion der Garten zustreben soll. Mehr als eine ästhetisch schöne Anordnung soll er werden. Mehr als die unvergleichliche eigene Schöpfung, die angeschaut werden will. Und weit mehr noch als die pure Idylle, in die man sich nach getanem Tagwerk zurückziehen kann. Der Garten, so lassen es alle Gespräche mit Frauen ahnen, soll der Ort sein, an dem sich jede selber finden und vervollkommnen kann. Um ständiges Suchen und Trainieren geht es da. Wie eine Geigenspielerin wollen sie ihren Bogen beherrschen und immer wieder, immer wieder am selben Stück üben, bis die Melodie wie von selbst meisterlich aus den Saiten fliegt. Nicht Weltflucht ist das Ziel im Garten, sondern Virtuosität. Der Garten als Ort, um eine Meisterin zu werden und damit das eigene Dasein als etwas Bewunderungswürdiges zu begreifen.
Krimiautorin Ingrid Noll, die erst mit 55 Jahren zu schreiben begann und mit ihrem Erstlingswerk, dem Krimi „Der Hahn ist tot", gleich ihr Meisterstück lieferte, sucht im Garten die weiseste, die packendste Idee zu erträumen. Ist ihr Garten auch sonst ein liebevolles Sammelsurium für den Familiennachmittag mit den Enkelkindern, mit denen sie singt, plantscht und spielt, so hat sie dort unter einem Ginkgobaum doch den Ort unerschöpflicher Inspiration gefunden. Das Hin- und Hergehen zwischen den Bäumen, die irrlichternden Sonnenflecken auf dem Rasen, das leise Klacken der Ginkgoblätter, wenn der Wind sie hebt – die wahre Gartenliebhaberin ruht sich nicht aus im Garten, sondern sucht neue Beschäftigung, indem sie sich mit der Ordnung der Dinge befasst, wie sie sie in der Berührung mit der Natur erfährt. Die Poetin

Wiese. Gatter. Gemüsegärtlein. Der Duft gewesener Zeiten soll auferstehen, wenn Szenen wie diese im Garten ihren Platz finden – wie hier in Norddeutschland bei Ilka Mahro. In vielen Gemüsegärten dürfen wieder Blumen durch die Reihen tanzen. Ein Staketenzaun aus Kastanienholz hält nicht nur Tiere ab, er sorgt für ländliches Flair.

Gemüse im formalen Rahmen – auch das gehört zu den Lieblingsvorstellungen von Städterinnen. Vor allem Kräuter werden in gepflegte Buchsquadrate gepflanzt. Bei Hannelore Mattison Thompson finden sich außer Salat- und Kohlrabipflanzen auch auf Spaliere gezogene Birnbäume.

Frederike Frei sagt: „Kaum habe ich einen Garten, schon bleibe ich im Sommer draußen, statt an den Schreibtisch zurückzukehren, und schon schreibe ich meine Blumengedichte." Anstiftung durch die Natur, und sei es, weil ein Apfel dumpf zu Boden fällt oder weil die Sonnenblumen sich wiegen. Quer durchs Jahr zieht sie jetzt eine Blume nach der anderen ins Gehege ihres Herzens. Sagt über den Flieder: „Die Sinne bringt er zum Schwimmen, setzt sie ins Luftküssenboot Erinnerung." Nennt die Rose „Herzaufreißerin, Seelenfleisch fressende Pflanze" und die Zinnie „Heldin mit Löffeldolchen im Gewand, wie aus dem Mittelalter herübergeblüht unter der Patina der Ritterlichkeit". Immer ist ihre Sprache gewagt, zart, zärtlich, weise wie sie selbst. „Fremde Fee Azalée, Blütensturm und Tannenblätterschnee. Jeder Farbfleck eine dunkelrot angelaufene Scham…" und „Sommersatt strahlt die Dahlie ins Leere. Eine, die gründlich überlebt, garantiert erdbebensicher, urälter als jedes Ich". Allen hat sie ins Blüteninnere geguckt und mehr entdeckt als deren Stempel und Knitterseide – die Art ihres Stolzes, ihrer Geneigtheit, ihrer Signale an die Welt. „Wem darf man sonst schon zugucken, solange man Lust hat", sagt Frederike Frei. „Ein Kirschblütenzweig hält still mit seinen hingehauchten Gedankenstrichen, eingesät in Kirschblütenseide …"

Gefunden hat sie in ihrem winzigen Garten weit mehr als das Kunstwerk Blume, nämlich den Ariadnefaden für die Suche nach sich selbst. „Ich bin auf einer Wiese gezeugt. Ich liebe das spitze weiche

Gras", sagt sie, und es klingt nach einer Gewissheit, mit der sich vieles entrollen lässt. Ähnlich sagt es Viktoria von dem Bussche: „Ich bin ein Sommerkind. Ich kam im August zur Welt, nach einem heftigen Sommergewitter. Ich liebe die Fülle und den Rausch der Farben, den verschwenderischen Duft und den Zauber der Blüten, die am schönsten sind, kurz bevor sie verwelken." Für alle Frauen, die wir porträtierten, sind die Gärten ihrer Kindheit der Ort, an dem sie die ersten Schlüssel zu sich selbst finden. Schauspielerin Erika Pluhar erinnert sich an die Nachmittage, in denen sie sich in Laubhöhlen versteckte – „in köstlicher Zufriedenheit. Als gäbe es nur noch Erde unter ihren Fußsohlen und dichtes Blattwerk um ihren Kopf …" Für die Gartenplanerin Ilka Mahro ist es das unbändige Freiheitsgefühl, wenn sie durch Felder streifte, das sie nicht loslässt. Petra Steiner trägt bis heute das Auenwäldchen im Herzen, in dem sie sich als Kind die Welt zurechtträumte. Für Uschi Dämmrich Freifrau von Luttitz ist erstes Bewusstsein vom Glücklichsein in Nachmittagen unter einem Mirabellenbaum eingefangen, als die Welt noch etwas Magisches war, in dem alle Kindersehnsüchte zusammenflossen und die Weisheiten des Lebens gleichzeitig verheißungsvoll und undurchdringlich erschienen.

Diese Verschmolzenheit mit der Umwelt und ihrer Ordnung, die zu enträtseln wir uns sehnen, bleibt in vielen Lebensaltern faszinierend. Manche Menschen finden sie in der Musik, beim Blick in den Sternenhimmel, beim Segeln auf dem offenen Meer. Andere suchen sie in der Versenkung oder mithilfe von Räuschen. Gärtnernde Menschen suchen sie in ihrem Garten, wo sie sich wie in der Kindheit eins fühlen können mit der Natur und finden, wonach wir zeitlebens suchen: Einem Ort voller Schönheit, an dem wir den Lauf der Dinge zu erkennen glauben. Geschützt, begrenzt, voller Ruhe. „Eingefriedet" ist ein schönes Wort dafür. „Er hat mich mehr als einmal gerettet, der Garten: die Dinge zurechtgerückt, mich zum Lachen gebracht, wenn mir zum Heulen war. Er bereitet mir Niederlagen, aber er tröstet mich, wenn die Welt mir welche bereitet", schreibt Eva Demski in ihren „Gartengeschichten". So ist es. Wenn Frauen Gärten lieben, sind sie gefeit gegen alles. Eine Lovestory eben.

Michelle Obama ist die erste Frau im Weißen Haus, die darauf bestand, im hochherrschaftlichen Terrain einen Gemüsegarten anzulegen. Mit offensichtlicher Freude gärtnert sie dort selber und hat eine Kampagne begonnen, um vor allem Jugendlichen Lust auf Gemüse zu machen.

»Ich liebe die Fülle und den Rausch der Farben, den verschwenderischen Duft und den Zauber der Blüten«

Viktoria Freifrau von dem Bussche

„MUTTER ALLER GARTENEVENTS"
IN DEUTSCHLAND, BUCHAUTORIN, MALERIN,
GARTENGESTALTERIN, SCHLOSSHERRIN

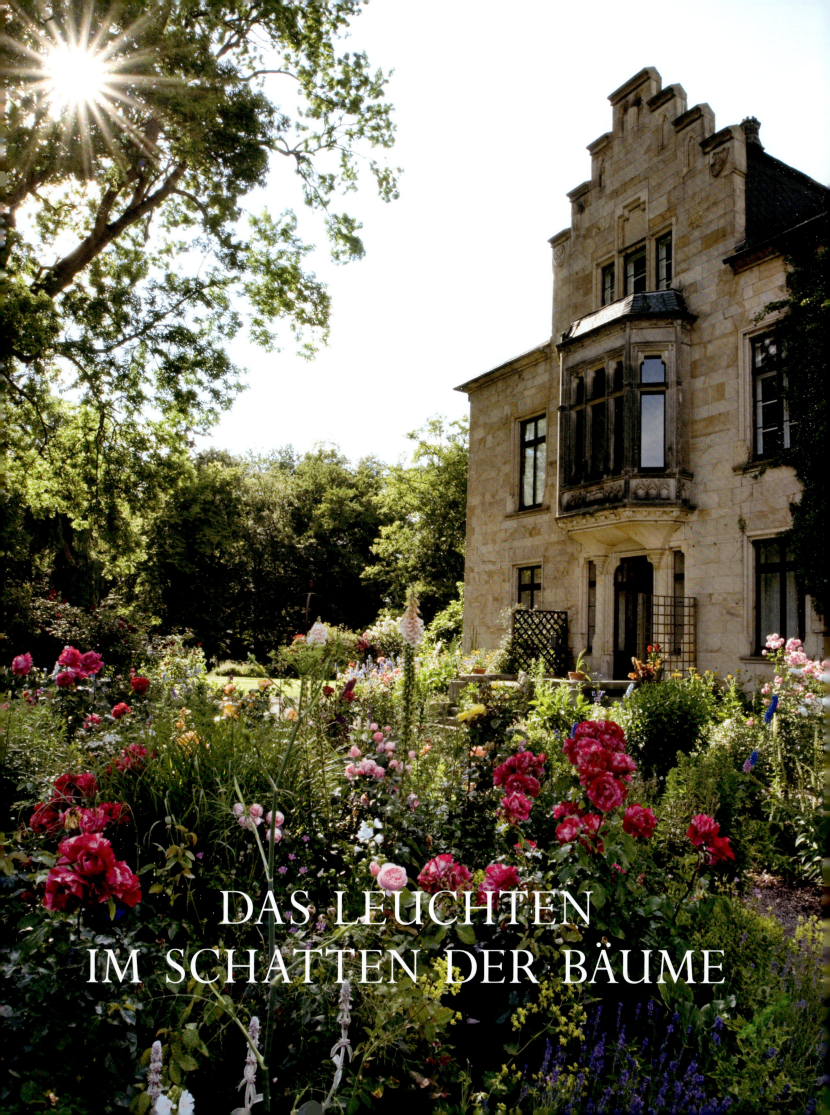

Vorherige Seite: Hier prunkt die aufregend gestreifte Delbard-Rose 'Matisse', die zur Gruppe der ausschließlich nach Malern benannten Rosen gehört. In diesem Ensemble ist auch die Austin-Rose 'Heritage' zu finden, unterpflanzt mit Wollziest (Stachys) und Frauenmantel und durchmischt mit Gräsern – „meine liebste Rose in einer meiner verrückten Mischungen", wie Viktoria von dem Bussche findet.

So ein Morgen gehört ihr allein. Keine Besucher im Park. Vogelkonzerte. Ein Morgen, an dem die Sonne wie Bühnenlicht in den Schlossgarten fällt. Überall Spotlight, das langsam wandert und eine Blume nach der andern zum Star macht in dem von ihr selbst kreierten Gartengelände. Keine Zelte, keine Ausstellung. Nur dies Leuchten im Schatten der Bäume. Rosen errötend, glühend, flammend. Alles üppig, verwegen bis hinein in den Rosen-Hofstaat aus Rittersporn, Fingerhut, Kermesbeeren. Wer außer Viktoria von dem Bussche hätte so eine furiose Szenerie vor dem Steinmassiv des Schlosses Ippenburg erwecken können?

Als sie vor 30 Jahren hier, auf dem Besitz ihrer Familie, die Arbeit am Garten begann, irrlichterte der Traum von einer ganz anderen Landschaft in ihrem Herzen. Sie ist aufgewachsen auf dem Gut ihrer Mutter zwischen Lüneburg und Hitzacker, wo sich Wald- und Elbluft mischen. „Ich erinnere mich an jeden Apfelbaum, jede Biegung des Sandwegs", erzählt sie in ihrem Buch ‚Meine Gartenrezepte'. „Die Apfel- und Birnbäume der Obstwiesen konnte ich mit verbundenen Augen erklettern. Jeden Ast, jede Gabelung kannte ich im Schlaf. Der harzige Duft und das Rauschen der Kiefern unter dem blauen Himmel oder der Geruch frischer Buchenblätter beim Bau unserer Laubhütten ist mir ebenso gut im Gedächtnis geblieben wie der erdige Geruch der Tannenwälder und der feuchte, klamme, fast schimmlig riechende Boden der Birkenwälder, die wir auf der Suche nach Maronen und Pfifferlingen durchstreiften." Eine Kindheit voller sinnlicher Eindrücke war das. „Wir spielten im Stroh, in der Sandkuhle, am Teichufer oder auf dem Pumpenhaus. Wir scheuchten Hühner, flohen vor dem zischenden Ganter, jagten Kühe, ritten auf dem Pferd, das die Milchkannen auf die Wiese brachte, spielten im Heu und auf den alten Dreschmaschinen, Heuwendern und Traktoren …" Was Wunder, dass sie in Ippenburg nur ein Ziel vor Augen hatte: „Die Blumen, die Düfte und die Farben meiner Kindheit sollten rund um dieses kolossale steinerne Gebilde neu aus dem Boden wachsen, es verzaubern, umwinden und umschlingen." An Akelei und Löwenmäulchen dachte sie, an Levkojen, Klatschmohn, Wicken und Phlox. Aber allesamt wirkten zu schmächtig vor der gewaltigen Schlosskulisse. Bald verfiel sie darauf, das Rot-Weiß ihrer Wappenfarben zu inszenieren. 25 rote, 25 weiße Rosen wurden gesetzt, danach Azaleen und Rhododendren in Rot und Weiß. Aber nie wollten beide Farben gleichzeitig blühen; die Idee mit dem Wappen versickerte. Was blieb, war die Sehnsucht nach der verschwenderischen Fülle des Erlebens und dem Verwobensein mit der Natur, wie sie es in der Kindheit erlebte.

Ein paar Jahre vergingen, bis sie das Gartenbild ihres erwachsenen Lebens fand. Beete wurden angelegt und verschwanden wieder. Ein Küchengarten entstand. Jedes ihrer vier Kinder hatte ein eigenes Beet mit Radieschen, Möhren und Salat. Sie selbst begann ab 1990, Stauden aus eigenem Saatgut zu ziehen, setzte Stecklinge von Rosen, Phlox und Schmetterlingsstrauch *(Buddleja)*, bis die Beete überquollen. Als noch ein altes Glashaus instand gesetzt worden war und im ummauerten Garten Weinranken, Flieder, Holunder und alte Obstbäume ein verwunschenes Dickicht bildeten, war „das Glück schier grenzenlos. Die Bilder meiner Kindheit waren zurückgekehrt – anders als geplant, aber umso überraschender und schöner".

1998 öffnete sie zum ersten Mal den Park für das Festival „Gartenlust & Landvergnügen" auf Schloss Ippenburg. Ein sensationeller Auftakt war das mit Tausenden von Besuchern. Ein Funkenflug für Gartenenthusiasten war in Gang gesetzt. Über Nacht war aus Viktoria von dem Bussche die „Mutter aller Gartenevents" in Deutschland geworden. Inzwischen finden zu jeder Jahreszeit verschiedene Ausstellungen statt, Schaugärten werden angelegt, berühmte Gartengestalter beteiligen sich. 2010 nimmt Ippenburg an der niedersächsischen Landesgartenschau Bad Essen teil. Eine Gallionsfigur der Gartenlust ist Viktoria von dem Bussche geworden, eine Managerin und Expertin für die unendliche Fülle neuer Gartenideen. Sie selbst liebt nach wie vor alles, was wuchert, wandert und sich um Bäume windet: Ein ebenso romantisches wie aufrührerisches Konzept.

> »Ich bin so ein Malerauge. Ich denke in Bildern«

Links: Ein Rondell mit der Rose 'Dorothy Perkins' und leuchtender Clematis. Davor die Schmiele (*Deschampsia*) 'Goldschauer' und der ungewöhnliche Rostfarbene Fingerhut (*Digitalis ferruginea*). Im Hintergrund Kermesbeere, am Haus die Rose 'New Dawn'.
Unten: Dasselbe Rondell von einer anderen Seite. Wieder mit sich leise wiegenden Deschampsien durchsetzt. Über der Bank breitet sich die Ramblerrose 'Bobbie James' aus, die während ihrer Blütezeit den Touch von Wildheit und Robustheit verstärkt.

Vorherige Seiten: Der Morgendunst eines frühen Junitages lässt die Beete in Ippenburg noch ungebändigter wirken – hier tanzen vor allem Rittersporn, die purpur-weiße Rose 'Matisse' und Mohnblüten miteinander. Links im Vordergrund Duftnessel (*Agastache*), zu Füßen der hohen Stauden lauter Selbstaussaaten, wild gemischt.

Überall epische Fülle. Sprühende Farben lösen sich ab mit Gräser-Zartheit. Rosen überprunken die Schlosskulisse, mischen sich mal als Diven, mal als Landstreicherinnen in die Beete. „Ich bin so ein Malerauge", sagt sie. „Ich denke in Bildern. Sinnlichkeit ist nicht nur in der Fülle von Cottage-Gärten zu finden, sie ist im Rhythmus der Farben, in der Bewegung im Wind und wie sich eine Pflanze gegen eine andere neigt. Sie ist, wie Baudelaire sagt, ‚Sehnsucht nach Monotonie, Symmetrie und Überraschung'."

Man muss wohl nicht nur eine Ästhetin und Vielbelesene sein wie sie – man muss auch mit seinem Garten verwachsen, um das Leben als etwas unerschöpflich Beglückendes wahrzunehmen wie sie. Als wir miteinander reden, ist es Herbst geworden. Den Frühling mag sie, wenn alles braust und wird. Im Sommer liebt sie die Mittagsstunden, wenn alles still ist und nur der Bussard schreit. Im Herbst aber, sagt sie, „liebe ich den Abend, weil der Herbst mir die liebste Jahreszeit ist. Im Herbst kann ich am tiefsten leben, kann alle Visionen sehen und gehe herum im Garten und sehe abgehoben von der Realität, wie es wird im nächsten Jahr. Ich liebe, wie alles stirbt und aufhört, das Gelbwerden, das Kahlwerden, die Vergänglichkeit. Das hat so was unheimlich Archaisches. Es weckt das eigene kreative Potenzial. Wie schrecklich muss es sein, wenn man als Kind keine Bilder hatte. Bilder, die schmecken und riechen. Was wird aus Menschen, die nur virtuelle Bilder kennen?"

Oben: Im David-Austin-Rosengarten wetteifert die karmesinrote Rose 'William Shakespeare' mit der etwas helleren 'L.D. Braithwaite', die das leuchtendste Karmesin aller Englischen Rosen haben soll.
Mitte: An beiden Seiten des Tores leuchtet die unverwüstliche Rose 'Flammentanz', die der hübschen Kategorie „frohwüchsig" angehört. Sie gilt als ausgesprochen winterhart und liebt Mauern wie diese.
Unten: Blick auf das Schloss mit seinen weitläufigen Gärten, in denen regelmäßig Ausstellungen und Gartenevents stattfinden. Zum Empfangskomitee gehört die rosafarbene Rose 'Julie Delbard'.

Erfahrungen

Dass die Gartenlust mit ein paar Tütchen Saatgut wunderbar anzufachen ist – am besten mit Akelei, Ringelblumen, Lupinen und allen erdenklichen Kräutern, die auch schön blühen wie Koriander und Fenchel.

Dass nicht alle Stauden treu bleiben. Die Kokardenblume (*Gaillardia aristata*), auch die Spornblume (*Centranthus ruber*), Veronica, manche *Campanula*-Arten machen sich oft stillschweigend davon. Astern, Monarden, Rudbeckien hingegen wuchern gern. Alle Stauden brauchen Zuwendung, wollen gestützt, angebunden, jährlich zurückgeschnitten, von Verblühtem befreit und alle zwei bis drei Jahre geteilt werden.

Dass sich Edelrosen, moderne Strauchrosen und hohe Beetrosen sehr wohl miteinander vertragen, wenn man sie mit Sommerblumen und Stauden kombiniert. Kleinstrauchrosen, sogenanntes „Verkehrsbegleitgrün", passen jedoch kaum zu anderen Rosen.

Dass Rosenschönheit noch mehr hervortritt, wenn man sie nicht in Rosenbeete packt, sondern ins „volle Leben" – zum Beispiel zu einem Farbfeuerwerk mit Edelrosen 'Adolf Horstmann', 'Alexandra', 'Barkarole', 'Gloria Dei', 'Lolita', 'Speelwark' und dazu *Monarda, Kniphofia, Lobelia fulgens, Crocosmia, Hemerocallis, Helenium* und *Dahlia*. Als Puffer wählen Sie Fenchel (*Foeniculum vulgare*), Knorpelmöhre (*Ammi majus*), Resede (*Reseda luteola*) und reichlich Rote Melde (*Atriplex hortensis* var. *atrosanguinea*).

Dass auch eine kleine „Rosenprärie" etwas zauberhaft Wildes hat – zum Beispiel mit der weißen Rose 'Alba Meidiland' und Gräsern *Deschampsia* und *Briza*, mit der Prachtkerze (*Gaura lindheimeri*), mit Purpur-Sonnenhut (*Echinacea*) und Verbenen (*Verbena*).

Dass eine wahre Elfenwiese entsteht, wenn man halbhohe ausdauernde Gräser und Akelei, Pfirsichblättrige Glockenblumen (*Campanula persicifolia*) und die filigrane Prachtkerze (*Gaura lindheimeri*) zusammensetzt.

Lieblingspflanzen

Wicken (*Lathyrus odoratus*), Jungfer im Grünen (*Nigella damascena*), Rittersporn (*Delphinium grandiflorum*), Akelei (*Aquilegia vulgaris*), Löwenmäulchen (*Antirrhinum majus*), Montbretien (*Crocosmia × crocosmiiflora*), Pfirsichblättrige Glockenblume (*Campanula persicifolia*), Fingerhut (*Digitalis*).

Natürlich meine Rosen, besonders 'Julia's Rose'. Und Pflanzen, die von der unbändigen Kraft der Natur zeugen: Chinaschilf (*Miscanthus*), Schildblatt (*Darmera peltata*), Alant (*Inula helenium*), Kermesbeere (*Phytolacca*), Eselsdistel (*Onopordum acanthium*).

Rosen wie 'Winchester Cathedral' und 'Matisse' treten in Ippenburg in größeren Gruppen (oft mit Clematis) auf, werden jedoch auch mitten zwischen die wiesenhaft wirkenden Stauden-Ensembles gesetzt. Fast alle Stauden zieht Viktoria von dem Bussche selber.

Eva Demski

VIELFACH AUSGEZEICHNETE JOURNALISTIN,
ROMANAUTORIN, LYRIKERIN

DIE EWIGKEIT AUF EIN PAAR QUADRATMETERN

Vorherige Seite: Die Rose 'New Dawn' am Terrassengeländer scheint die Terrasse einzuspinnen – Romantik mitten in der Stadt Frankfurt. Rosa Storchschnabel blüht bis in den Spätsommer und nimmt die sanften Töne der Rose 'Geoff Hamilton' auf. Ein Platz, wie geschaffen, um Eva Demski zu inspirieren.
Rechts: Hier trifft man sich zu langen Gesprächen, umrahmt von Oleander, Rhododendron, Duftnessel (Agastache) und heiteren Mixturen aus Kapuzinerkresse, Efeu, Orangenbäumchen. Und der Göttin, die diesen Buchtitel ziert.

Das Wasserbecken in der Mitte. Im Schatten das römische Ensemble mit Göttin. Eine Wolke rosa durchglühter Ramblerrosen an der Terrasse. Alles nicht sehr groß. Momente lang glaubt man, man wisse schon alles über ihren Garten. So, wie man irgendwann glaubte, der eigene Blick habe alles durchmessen, was in Gärten zu finden sei – dies Gemenge aus Schönheit und archaischem Gleichmut, aus Selbstverlorenheit und dem durchaus irdischen Kampf, immer wieder zwischen Verwilderung und Ordnung zu entscheiden. Aber sehr schnell scheint sich Eva Demskis Garten zu dehnen. Er trägt ja alle Gedanken aus ihrem jüngst erschienenen Buch ‚Gartengeschichten' in sich. „Jeder Garten ist nur der oberste Teil eines Turms von Geschichten", sagt sie darin und erzählt diese Geschichten, wie Scheherazade sie erzählt haben könnte. Behutsam, aber mit großer Magie. Fast immer mit einer überraschenden Volte, bei der einer Gartennärrin schwindlig werden könnte vor Vergnügen. „In Wirklichkeit haben wir, die Gartenliebhaber, die prachtvollste Art zu verblöden entdeckt, eine Leichtigkeit des Seins ganz eigener Art. Beim Graben grübeln, sich über Zwiebeln und Zweige Gedanken machen, die Vollkommenheit des Unwichtigen bis zur Neige auskosten: Jeder, der einmal ein neues Beet geplant oder die Anlage einer Hecke bedacht hat, kennt die wunderbare, grün beschienene Leere, die sich dabei im Kopf einstellt." Süchtig kann man werden nach ihren Gedanken.

»*Er hat mich mehr als einmal gerettet, der Garten*«

Eva Demskis Garten liegt mitten in Frankfurt. Ein Raum, wie herausgestohlen aus der Stadt, doch hört man sie brummen und ahnt, wie listig oder gewalttätig ihre Hektik durch die Büsche brechen könnte. Groß ist der Garten wirklich nicht. „Ich mache also zwanzig Schritte nach Südwesten, dann zweiundzwanzig nach rechts, dann wieder zwanzig nach Nordosten, und in weniger als einer Minute könnte mein ganzes Latifundium mit dem steinernen Wasserbecken in der Mitte umschritten sein. Ist es aber nicht, weil es eine Menge zu sehen gibt." Und dann beschreibt sie, was jede Gärtnerin sofort zu ihrer Freundin macht: „Man muss zupfen, rausreißen, ins Haus rennen und das Pflanzenbestimmungsbuch suchen, die blühende Glyzinie bewundern, die mir, ihrer Besitzerin, allerdings ihr kahles Untergestell zeigt, während der erste Stock gratis in einer Blüten- und Duftwolke sitzt. So werden aus winzigen Dimensionen unendliche, jeden Tag andere …"

Was eignete sich besser zum Philosophieren als das Gärtnern? Selbst der verspielteste Gang durch die Beete ruft wach, mit welcher Geduld Menschen über Generationen hinweg „an der Natur herumschnippelten", wie Eva Demski schreibt. Wehmut kommt auf, wenn der Boden nicht hergeben will, was man von ihm erhoffte, und ausgerechnet die geliebten Päonien mickern. Ganz zu schweigen von der zornigen Traurigkeit, wenn es im eigenen Garten trotz liebevollster Hingabe in keiner Ecke so aussieht, wie es die Samentütchen versprachen, während du verwundert feststellst, welches Kraut sich ohne dein Zutun breit macht. „Irgendwann", sagt Eva Demski, „werden wir gelernt haben, so zu tun, als hätten wir die Ewigkeit auf ein paar Quadratmetern eingefangen, alle Zeit und Geduld der Welt ist unser: Ästchen für Ästchen, Zwiebel für Zwiebel, Samenkorn für Samenkorn."

Das erste Grün, an das die Schriftstellerin und Journalistin sich erinnert, bestand aus Brachland, wo sonst nur die steinerne Stadt war. Begrünte Schuttberge. Stadtsteppen. Aber sie schienen voller Abenteuer zu stecken mit ihren vagabundierenden Holunderbüschen und übrig gebliebenen Obstbäumen. Wahre „Kinderkontinente" waren das, wild und unvermutet. Später zog es sie in den Frankfurter Bethmannpark, der heute einen chinesischen Garten beherbergt. Ein stiller Ort war das, „mit einem Schildkrötengehege, bunten Blumen, alten Bäumen und einem großen Schachspiel, wo sich an schönen Nachmittagen ältere Herren einfanden, um die Figuren bedächtig hin und her zu schieben". Erste Ahnung von der Glückseligkeit, die schönen Gärten innewohnt.

Den ersten eigenen Garten legte die Mutter an, ein beharrlich gedeihendes Kunstwerk, in dem zu jeder Jahreszeit etwas blühte – Rosen, Margeriten, Schafgarben, Cosmeen und Schwertlilien und zu Anfang

auch Gemüse, was der ganzen Familie unvorhergesehene Momente der Andacht bescherte. „Daran erkennt man Gartenbesitzer, die ursprünglich Städter waren: ein selbstgezogenes Radieschen, eine Handvoll Schnittlauch, eine Schüssel Kirschen lösen eine gleichsam sakrale Zeremonie des Aufessens aus." Und viel mehr sah Eva Demski während der 30 Jahre, in denen ihre Mutter immer enger mit dem Garten verwuchs: Es sind die Pessimistinnen, die die schönsten Gärten kreieren. „Sie zeigen nämlich der verrotteten, dreckigen und kranken Gegenwart, wie sie aussehen könnte, wenn eine gärtnerische Vernunft regierte." Je älter die Mutter wurde, desto mehr zog sie sich zu ihren Blumen zurück. „Ein Garten ist eine von allen respektierte Art, der Welt mitzuteilen, dass sie einen nicht mehr interessiert", weiß Eva Demski und versteht nur zu gut die Melancholie der Mutter: „Wahrscheinlich hat sie auch erkannt, dass der Garten die einzige Möglichkeit für sie war, ohne zu trauern alt zu werden … Sie hatte der Welt den Rücken zugedreht und sah dafür ihrem Garten ins Gesicht."

Eva Demski nahm sich ihres eigenen Gartens in Frankfurt eher mitleidsvoll an. Als sie auf ihn stieß, war er von elektrischen Leitungen durchzogen, die ein scheinwerfervernarrter Vormieter hinterlassen hatte. Sie zerrte die Kabel aus dem Boden, mauerte das Bassin in die Senke, fand den schönen steinernen Tisch für ihre „römische Ecke" und für „ein Stückchen Anmaßung in einem handtuchgroßen Fürstentum". Reihte Töpfe mit Kräutern auf (allein sechs Sorten Salbei), versuchte vergebens, Rittersporn heimisch werden zu lassen, schlug sich herum mit dem gelben Scharbockskraut („Man sieht es ihm nicht an: Es hat nichts Geringeres im Sinn als die Weltherrschaft") und machte trotz mancher Widerborstigkeiten der Natur dieselbe Erfahrung wie fast alle Gartenliebhaberinnen: „Der Garten schien nur

„Mein Handtuch" nennt Eva Demski ihren Garten. Von den Blumenkästen ihrer Terrasse aus betrachtet, bietet er trotzdem eine geheimnisvolle Tiefe – mit gemauertem Wasserbecken, Buchsrahmung und den lichtdurchsprenkelten Sträuchern und Bäumen.

eine Station auf dem Weg zu sein, eine kleine Seitengasse des Lebens, zum wirklich Wichtigen würde man noch kommen. Und nun ist er für uns das wirklich Wichtige geworden."

Ihr erster großer Erfolg in ihrem Hauptleben als Schriftstellerin war der 1979 erschienene Roman ‚Goldkind'; viele Bücher und Vorträge folgten, darunter auch der Roman ‚Scheintod', mit dem sie den bestürzenden Tod ihres Mannes verarbeitete, der 1974, im siebten Jahr ihrer Ehe starb. 1987 erhielt sie den Kulturpreis der Stadt Regensburg, 1993 erhielt sie die Goethe-Plakette der Stadt Frankfurt, 2008 den Preis der Frankfurter Anthologie – und leise wuchs schon ihr Buch ‚Gartengeschichten' mit, das unzählige Menschen in ihre Lesungen sog mit dem Zitat auf dem Buchumschlag: „Er hat mich mehr als einmal gerettet, der Garten: die Dinge zurechtgerückt, mich zum Lachen gebracht, wenn mir zum Heulen war. Er bereitet mir Niederlagen, aber er tröstet mich, wenn die Welt mir welche bereitet."

Wohin immer sie reiste, besuchte sie Gärten, sah die „ausgeweideten Bauerngärten" von Sarajevo, wie sie verstörend schön auch in verlassener Landschaft blühten mit Minenwarnbändern um sich herum, wollte sie sehen, um an ihre Wiederkunft zu glauben. War überwältigt von einem Frühlingstag in Israel, als die aufblühende Wüste signalisierte, „dass unter jedem Boden ein Garten schläft". Verlor ihr Herz an den kleinen öffentlichen Garten in Old Clergy House in Sussex, wo einst der National Trust erfunden wurde: „Er ist ein glücklicher Garten, wie ich nie vorher einen gesehen habe. Nicht angestrengt, nicht eitel, nicht traurig oder vereinsamt wie so viele, auch berühmte Gärten, die ich kenne." Und kritisiert – mal herb, mal zärtlich – wie viereckig starr moderne Stadtlandschaften oft daherkommen: „Ein Mohnfeld, prachtvoll rot, rosa und weiß vor dem Polizeipräsidium – wäre das nicht ein Traum?"

Als wir im Herbst über ihren Garten reden – die Blätter des Weins waren schon verweht, die Rosen zerfielen, nur der Fächerahorn glühte roter denn je –, sagte sie: „Ich mag diese Jahreszeit. Ich mag nicht das Perfekte, die Vollreife. Ich mag, was so an der Kippe ist. Das letzte Aufbäumen vorm Sturm, wenn wir Angst haben, dass er kommt. Ich mag auch das frühe Frühjahr. Verlust und Wiederkommen – das ist es, auf das wir uns einstellen müssen, immer wieder, mit einer zärtlichen Begabung fürs Scheitern."

Erfahrungen

Dass ein Garten immer etwas anderes wachsen lassen will als das, was wir ihm einpflanzen. Bedenke: das ist seine Natur, und Gärtner sein heißt, sein Stück Erde zu etwas zu bringen, was es von allein nicht tut. Bei mir sind die Akeleien mitten in der Buchsbaumeinfassung, in diversen Töpfen, wo sie nichts verloren haben, und zwischen Trittsteinen zu finden …

Dass Männer immer in den Krieg ziehen, gegen Läuse, gegen Unkraut, gegen falsches Saatgut, gegen das Wetter. Unsereins redet dem Land gut zu, bis es macht, was wir wollen. Meine Freundin Anni, der ich in jungen Jahren im Gewächshaus half, sagte: „Mann und Frau im Garten tut kein Gut."

Dass aus einem schweren Boden nicht wirklich ein leichter wird; das ist wie bei den Menschen.

Dass Dill als Unterpflanzung von Rosen wunderschön aussieht – habe ich im Garten Old Clergy House in Sussex gesehen.

Dass sich mit *Clematis montana* 'Rubens' Ungeliebtes schnell verstecken lässt – ein wunderbares und temperamentvolles Gewächs, aus dem im April eine duftige, aber kompakte Wolke wird, mit Hunderten vierblättriger roséfarbener Blüten bedeckt, die sich erst in kleine gelbe Knöpfe, später in sehr dekorative weiße Spiralnebelchen verwandeln.

Dass Silbertaler *(Lunaria annua)* um keinen Preis dort aufgehen, wo man sie absichtlich sät. Wo aber ihre krachlila Blüten zu gar nichts passen außer zu sich selbst, werden sie eine Invasion vorbereiten. Mit Vorliebe in kleinen Gärten; in imperiale wagen sie sich ja nicht.

Dass man sich von den elefantenohrengroßen Blättern des Riesenbärenklaus *(Heracleum mantegazzianum)* lieber nicht beeindrucken lassen sollte – nicht nur sein Gift brennt auf der Haut; ich habe fünf Jahre gekämpft, ihn wieder loszuwerden.

Dass man dem Efeu nichts ganz überlassen darf. Das wird zum ewigen Kräftemessen. Aber man muss ihn an manchen Stellen in Frieden altern lassen – erst der alte Efeu zeigt sich in voller Schönheit. Heitere Gegenspieler: Schwarzäugige Susanne, Prunkwinde 'Morning Glory', Duftwicke, Glockenrebe.

Dass es ratsam ist, sich seinen Garten von Zeit zu Zeit mit fremden Augen anzuschauen, damit man nicht wunderlich wird.

Dass man sich mit Jäten eine Phase des reflektierenden Stumpfsinns erobern kann. Sie beschützt vor intellektuellem Hochmut.

Dass Gartenschlaf ein völlig anderer ist als der im Bett. Im Schlaf werden wir mit unserem Garten eins, hängen da wie eine zu groß geratene Raupenpuppe, ein Teil des Ganzen. Schön. Wenn nicht irgend jemand ruft: „Kannst du mir grade mal den Sack Rindenmulch rübertragen?"

Lieblingspflanzen

Rittersporn *(Delphinium)*, Akelei *(Aquilegia)*, Vergissmeinnicht *(Myosotis)*, Päonien *(Paeonia)*, weißes Tränendes Herz *(Dicentra spectabilis* 'Alba'), Farne.

Rhodendren, Azaleen, Hortensien lösen einander ab. Sauerklee *(Oxalis)* füllt Lücken und mag besonders gern am Wasser stehen. Eine Putte bringt immer ein Lächeln in dunkle Ecken; diese versteckt sich hinter Päonienblättern.

OPULENZ
UND TIEFE RUHE

Brigitte von Boch

———

AUTORIN, CHEFREDAKTEURIN EIGENER
MAGAZINE, STIL- UND LIFESTYLE-EXPERTIN.
GARTEN IM SAARLAND

Vorherige Seite: Das ebenso modern wie klassisch wirkende Ensemble mit vier Buchs- und Lavendelquadraten wirkt atemberaubend auf den, der das Haus umrundet hat. Brigitte von Boch sitzt mit ihrem Hund vor Duftpelargonien.
Rechts oben: Die Liebe zu Hortensien ist so allgegenwärtig wie das ruhige Bild der buchengerahmten Beete. Sie sind extra dicht gepflanzt. Ihr strahlendes Weiß wird durch weiße Sitzpolster ergänzt.
Rechts unten: Jenseits der formalen Anlage zeigen Beete wie dieser Streifen eine Spur fröhlicher Wildheit, in der Bergenien, Taglilien (*Hemerocallis*), Storchschnabel (*Geranium*) und Spornblumen die Hauptrolle spielen.

Kann man von der Ruhe und dem Gleichmaß eines Gartens erschlagen sein? Man kann. So, wie man jählings verstummt, wenn man ins graue Licht einer Basilika tritt. Der Blick in die Eichenallee einer stillen Landschaft macht stumm. Oder das Meer, wenn sich in ihm kein lieblicher Himmel spiegelt, sondern wenn es seegrün und erhaben gegen Klippen rollt. Vielleicht muss man sein Leben lang von schönen Dingen umgeben sein, wie Brigitte von Boch es immer war, um an den Kern wahrer Schönheit und Harmonie zu gelangen. Ihr Garten auf dem Land jedenfalls trifft einen wie ein Donnerschlag, sowie man ihn betritt. Weiße Hortensienfelder, so schlicht wie opulent, rahmen den Eingangshof. Blaue Lavendelquadrate liegen an einer Seite des Hauses in tiefster Stille da, umfasst von Buchs und Buche. Parallel dazu zieht sich ein langer Rasenstreifen hin, der mit den Statuen der „Vier Jahreszeiten" sein Schweigen füllt. Der erhöhte Sonnenplatz mit seinen weiß gepolsterten Möbeln vollendet dies Bild der Ruhe und Kontemplation. Man kann wahrhaftig einen Garten erschaffen, der seinen Betrachter durch absolute Unaufgeregtheit begeistert – wenn man, wie Brigitte von Boch die Kunst der Reduktion beherrscht; heiter, sinnlich, aufs Wesentliche bedacht.

„Vom Garten lernt man, dass alles seine Zeit braucht, dass es wachsen muss. Selbst die Leidenschaft, seinen Garten zu betreiben, wächst ja erst langsam in einem", sagt sie. „So muss man sich auch immer wieder hineinversenken in die Landschaft, in die eigene Vorstellung vom Garten, bis sich das Bild in einem formt, das man suchte. Mit dem Garten ist es wie mit dem Haus: Man muss erst drin leben, um zu wissen, was man an genau diesem Ort tun muss, um etwas Harmonisches zu schaffen." Zimmer für Zimmer hat sie also das Haus eingerichtet und dann auch dem Garten ein Zimmer ans andere gefügt. Anfangs gab es auf dem sehr großen Grundstück am Waldrand nur eine Rinderwiese, ein paar alte Bäume und jede Menge Wild, das rundum die jungen Schösslinge verbiss. „Eine Herausforderung wie eine unbemalte, aber grundierte Leinwand, auf der ich beginnen konnte zu zeichnen", schreibt sie in ihrem Buch ‚Gartenvergnügen'. „Der aufregende Start, etwas Neues, Eigenes zu schaffen und das Gesicht dieser Landschaft sozusagen in die Familie aufzunehmen – inklusive meiner Haushirsche, die auch heute noch meine Tulpen und Rosen abfressen und die Rinde frisch gesetzter Bäume abschälen wollen", erzählt sie lachend bei unserem Gespräch.

Sie begann, wie fast alle Frauen beginnen. Beherzt. Erwartungsfroh. Als Erstes stellte sie zwei alte Villeroy-&-Boch-Terrakottatöpfe auf die Terrasse und bepflanzte sie mit blassfarbenen Petunien. Setzte Wein an die Hauswand. Ließ jedes ihrer vier Kinder ein Stück Wiese bepflanzen. Aber dann tobte der Orkan *Wiebke* und metzelte den halben Wald hinterm Haus nieder. Später folgte ein Wirbelsturm, der eine mächtige Rotbuche aus dem Boden drehte. Beklemmende Momente – das Bild stürzender Bäume bleibt lange in den Gedanken hängen. „Aber plötzlich wurde uns klar, dass wir Raum gewonnen hatten. Der Blick in die Weite war nun noch offener geworden. Ein doppeltes Geschenk: Es denkt sich gut, die Sinne öffnen sich, wenn nichts deinen Blick beengt. Überhaupt bin ich dankbar für das Gefühl von Freiheit, das mir mein Garten schenkte. Er ist mein Ort, an dem ich Wurzeln schlage, mein privates Elysium."

Rund 40 000 qm Land sind nun mit vorsichtiger Hand zu einem englischen Landschaftsraum geordnet und binden die umgebende Natur mit unsichtbaren Übergängen ein. Ums Haus reihen sich viele romantische Sitzplätze, fast alle eingefasst mit Hecken, damit das Spiel von Licht und Schatten Konturen schafft. Einem beeindruckend großen klassischen Potager mit blumendurchsetzten Gemüsereihen – „meine Bio-Speisekammer" – gehört Brigitte von Bochs besondere Hingabe. Ein Teich, an dem sich das Schilf wiegt, wartet noch auf seinen Gegenpol, ein modernes, schmales Wasserbecken, um den Himmel zu spiegeln. Manchmal träumt Brigitte von Boch von wilden kleinen Arealen, wie sie sie aus ihrer Kindheit am Tegernsee kannte: Ein Apfelbaumgarten mit Nusshecken. Schierlingswiesen. Hinter dem Garten die Rottach, in der sie als Kind

»*Er ist mein Ort, an dem ich Wurzeln schlage*«

Vorherige Seiten: Eine majestätische, dennoch gelassene Ruhe ergibt sich beim Blick hinüber zum von Hecken begrenzten Rasenstreifen, in dem die vier Jahreszeiten in Statuen dargestellt werden. Die Kugel-Trompetenbäume (Catalpa bignonioides) im Lavendelgarten bilden die elegante Vertikale.
Links: Die ruhige Empfangszone vorm Haus.
Unten links: Darunter ein Ausschnitt aus dem klassischen Potager, in dem bis in den Herbst geerntet wird. Hier blühen noch die unverwüstlichen Zucchini; im Hintergrund Artischocken.
Unten: Die Göttinnen der Jahreszeiten sind in einen bewusst schmucklos gehaltenen Rahmen gestellt. Sie wirken durch sich selbst.

Forellen mit der Hand fangen lernte. „Modrig roch es. Bärlauch wuchs in Massen. Alles sehr erdig. Als Kind fühlst du dich total verbunden mit der Natur, mit dem Bach, dem Wind, den Düften. Du bist wild und frei, und diese Sehnsucht verlierst du nie." Heute lebt sie mit ihrer Familie auf dem ländlichen Anwesen im Saarland. Als Gastgeberin eilt ihr ein sagenhafter Ruf voraus; sowohl privat wie als Unternehmerin, die Menschen mit ihrem Stilgefühl, mit Rezepten, besonderen Reisetipps und Berichten über aussterbendes Handwerk in einer eigenen Zeitschrift sowie mit ihren Katalogen betört. „Mein Garten hat mir Ruhe gegeben, mich gefordert und inspiriert", sagt sie. „Er ist mein Rückzugsraum aus einem Alltag mit stressigen Reisen und Terminen." Den frühen Morgen liebt sie, wenn der Tag vor ihr liegt und sie mit dem Hund über die noch feuchten Wiesen läuft und voller Tatendrang zurück in ihren Garten kehrt. Welche Gärten, die sie in der ganzen Welt besuchte, gefallen ihr? „Eigentlich habe ich mehr Gärten von Privatleuten gefunden, die mich faszinieren. Insbesondere Gärten von Bäuerinnen, weil die so viel Know-how haben und so viel Sinn für das, was sie ernährt und erfreut. Private Gärten liebe ich mehr als die wunderbaren großen – weil dort jemand mit seinem Garten lebt."

Erfahrungen

Dass man einen Garten – egal, wie groß er ist – erst einmal erspüren muss, um ein Paradies zu erschaffen.

Dass man Schritt für Schritt vorgehen sollte; nichts ist unbefriedigender, als sich in jeder Ecke zu verzetteln.

Dass einfarbige Blütenmeere wie meine weißen Hortensien am Haus das Auge beruhigen; und die Seele auch.

Dass Rehe, Gott sei Dank, weder Narzissen noch Hortensien verbeißen.

Dass Pflanzen nicht nur besser gedeihen, sondern einfach stimmiger sind, wenn sie in dem Landstrich heimisch sind. Für mich gehört zu diesem Gedanken z.B. auch, Erdbeeren nur dann zu essen, wenn sie bei uns reif sind.

Dass man sich nicht anstacheln lassen sollte, Palastgärten anzulegen oder alle möglichen teuren Moden in die Gärten zu tragen; Goethes Garten in Weimar war eigentlich der ideale Garten.

Dass der Sommer durch den Garten nicht zum Stress werden darf. Reduktion!

Lieblingspflanzen

Gartenhortensien *(Hydrangea macrophylla)* in Weiß, Blau, hellem Rosa.
Alte Rosen in Rosa bis Dunkelrot.
Rittersporn *(Delphinium)*, Waldpflanzen, zu denen ich optisch auch Skabiosen *(Scabiosa)* zähle.
Am meisten liebe ich Buchen *(Fagus sylvatica)*. Alle Sorten.

Hortensien (außer in Weiß gibt es sie auch in blassem Rosé und in Burgunderrot) und Lavendel bilden die Hauptmelodie des weitläufigen Gartenteils, der sich ums Haus schmiegt. Malven wachsen unterm Birnbaum, wo Tagpfauenaugen die Herbstastern besuchen.

EIN MAGNOLIENTRAUM

Andrea Kögel

CHEFREDAKTEURIN MEHRERER GARTEN-
MAGAZINE UND GARTENKENNERIN

Wenn die Magnolie zu blühen beginnt, ist sie mit einem Schlag da: Die Lust, alle Termine abzuwerfen, nichts zu tun außer aufzunehmen, was sich da draußen beim Frühlingsstart in ihrem privaten Garten tut. Die Düfte, die Geräusche, das Gehusche der Vögel in den Zweigen – sich dem zu überlassen, empfindet Andrea Kögel als große Kostbarkeit. Nichts schöner als ein sich hinziehendes Frühstück, wenn der Tag anbricht, abends ein Zwiegespräch unter Bäumen und alle Sinne gerichtet auf die schönen Momente im Garten, die jetzt wieder beginnen.

Beruflich hat Andrea Kögel um die Zeit der Magnolienblüte längst das Thema „Sommer im Garten" hinter sich gebracht, hat als Chefredakteurin mehrerer Gartenmagazine ganze Berge prachtvoller Sommerfotos durchforstet und berauschend schöne Seiten daraus komponiert. Wenn die Magnolienblüten wie Scherben am Boden liegen, wird sie schon damit beginnen, nach Motiven des Herbstes zu suchen. Staunenswerterweise schafft sie es, Chefin von vier Blättern zu sein – ‚GartenTräume', ‚WohnenTräume', ‚Wohnen & Garten'; seit 2009 auch ‚Mein schöner Garten'. Das heißt, sie ist gedanklich ständig in sämtlichen Jahreszeiten gleichzeitig unterwegs, damit beschäftigt, ihre Leser ins Träumen mitzureißen. Genug Sinnesbetörung? Nicht genug für sie.

Privat gilt ihr der stille alte Garten ihrer Stadtvilla in Baden-Baden als ganz persönliches Refugium, hat ihn nur wenig umgestaltet, weil dieser Garten für sie „die Kulisse für beschaulichen Salon-Lebensstil zum Ende des 19. Jahrhunderts ist und außerdem Rahmen einer wunderbaren Symbiose mit meinen Nachbarn. Entscheidend ist immer der Geist, der einen Garten durchweht". Was sie vermisst, sind ein kleiner Küchengarten und ein Schnittblumengarten. „Ich habe gern üppige Sträuße aus dem Garten – Narzissen, Tulpen, Päonien, Rosen und Dahlien." Irgendwann möchte sie sich diesen Traum erfüllen: Vielleicht in dem großen Garten ihrer Familie, der zu einem Gutshof mit Schlosspark gehört. Dort gibt es – passend zum Haus aus dem 18. Jahrhundert – schöne Reste alter Pracht. „Teils symmetrisch-barock, teils englischer Parkstil, Woodlandgarden, Wald, große alte Bäume, Weiher, Obstbäume, Nutzgarten mit Gewächshaus und Frühbeeten", wie sie schwärmt. „Aber alles ist im Umbruch und nicht in perfektem Zustand." Doch in ihrem Kopf tanzen schon die Bilder, wie es einmal sein wird.

Wie die ebenso kapriziöse wie lässige Stimmung ihres Baden-Badener Gartens zeigt, kann es nur wunderbar werden. Denn Andrea Kögel ist tief eingetaucht in die Gartenhistorie, war schon als sehr junge Frau vom Lebensstil Vita Sackville-Wests fasziniert, hat die Seele Sissinghursts bereits in sich aufgesogen, als man noch ganz allein durch den Garten wandeln konnte. Hat sich durch die Insel Mainau inspirieren lassen, in den Gärtnerberuf einzusteigen und dann voller Freude entdeckt, dass man als Journalistin beides kann: Selber hungrig sein aufs Gartenleben und andere mitziehen in diese Passion. Quer durch Europa ist sie gereist, hat unzählige Gärten besucht und sich hineingelesen in ihre Geschichten, ihre Menschen, ihre Kultur. Karl Foersters Gärtnerei und Senkgarten in Bornim haben sie fasziniert. Der Garten Great Dixter in England. Noch mehr die schönen alten Gärten im Osten: Wörlitz, Branitz, Sansscouci. Und immer sind ihr die Erschaffer dieser Orte am meisten ins Gedächtnis gesunken. „Wahrscheinlich ist es die Privatheit an sich, die für mich den Zauber eines Gartens ausmacht. Die Verbundenheit zwischen Gärtner und Garten. Garten ist für mich auch Einsiedelei", sagt sie, „er ist ein grüner Salon für die Flucht vor der Hektik des Alltags." Wenn es Sommer wird, genießt sie Abende, in denen sie lange im Garten sitzen kann. „Herrlich, solche Nächte mit Froschgequake, Käuzchenrufen, Vollmond und Jasmin- oder Lindenduft, der im Juni und Juli über ganz Baden-Baden liegt." Leben live. Tagsüber wird sie dann schon an die Winterhefte denken und nach Schneebildern suchen.

Vorherige Seite und unten: Vorm Fenster bestimmt eine Magnolie die Gartenstimmung – vorm Gartentor fängt die einmal blühende Ramblerrose 'Excelsa' (Züchter Hubbard, GB) aus dem Jahr 1909 den Blick.

Erfahrungen

Dass der Garten mehr und mehr als Wohngarten verstanden wird. Puristische Gärten mit viel Beton und Grünflächen, so genannte „moderne" Designer-Gärten sind überwiegend Repräsentationsobjekte und passen nicht in dieses Traumbild. Die meisten Menschen wünschen sich ihr Paradies üppig, romantisch, geheimnisvoll, als Hort der Geborgenheit und des persönlichen Freiraums.

Dass ein schöner Garten absolut nichts mit seiner Größe zu tun hat. Entscheidend ist die Beschränkung auf einen Stil und wenig Zubehör.

Dass Haus und Garten im Stil zusammenpassen müssen.

Dass auch die Farbe im Garten darauf abgestimmt sein sollte. Mein Haus hat z.B. eine sandfarbene Fassade mit monetgrünen Fensterläden. Dazu passen Blau, Violett, Rosa, Champagner, Creme. Kein Sonnen- oder Maisgelb, kein leuchtendes Rot, kein Orange!

Dass viele Menschen ihren Garten überdekorieren, zu viel Möbel, zu viel Dekor quer durch den Versandhauskatalog.

Dass einzelne Attraktions-Schwerpunkte wichtig sind: Schneeglöckchen im Februar, Narzissen bis März, Magnolie, Glyzinie, Stiefmütterchen im April, Rhododendren, *Cornus*, Wilder Flieder im Mai, Rosen, Hortensien, Storchschnabel *(Geranium)* von Mai bis November. Für die Herbstfärbung Amberbaum *(Liquidambar)*, Ahorn *(Acer)*, Hartriegel *(Cornus)*, Wilder Wein. Für den Winter klare Gartenstrukturen, Buchs, Steinvasen.

Lieblingspflanzen

Rosen. Ich betreue seit 1990 das Vereinsheftchen „Rosenbogen" der Gesellschaft Deutscher Rosenfreunde. Meine Lieblingsrosen u.a. 'Frederic Mistral', 'Colette', 'Chartreuse de Parme', 'Paul McCartney'. Und überhaupt Alte Rosen, Duftrosen, Rambler, Teehybriden. Außerdem Hortensien *(Hydrangea)*. Narzissen *(Narcissus)* zur Verwilderung. Alle Blumen des typischen Woodlandgarden. Auch Rhododendron.

Die wesentlichen Farbtöne sind zwischen Rosa und Lila abgestimmt: Mit Blauregen am Balkon, Kamelien, Primeln, der duftenden rosa Teehybride 'Frederic Mistral' von Meilland, und der magentaroten Edelrose 'Chartreuse de Parme' von Delbard. Links unten eine blaue Hortensie und rechts dauerblühender blauer Storchschnabel *(Geranium)*.

Gabriella Pape

―⚬⚬⚬―

LANDSCHAFTSARCHITEKTIN, GRÜNDERIN
UND LEITERIN DER KÖNIGLICHEN GARTEN-
AKADEMIE IN BERLIN-DAHLEM

KÖNIGLICHE GARTENKULTUR

Vorherige Seite: Schöner Bestandteil der Gartenstimmung – das Café Lenné in der Königlichen Gartenakademie Berlin. Ort zum Nachsinnen und Ordnen der Eindrücke. An den Rundbögen Wein und Rosen. Die Bananenstauden als Reminiszenz an die Zeit der frühen Pflanzenjäger, als exotische Pflanzen in die Gärten und Glashäuser kamen.

Eine Frau wie Gabriella Pape – wie denkt sie ihre Gartenszenen? Trägt sie Vorbilder aus der Natur im Kopf, wenn sie neue Beete entwirft? Sieht sie wildbewegte Landschaften, in denen der Wind in die Ackerblumen fährt? Vielleicht tanzen ihr für ein orange-rotes Stauden-Ensemble die Laternen durch den Sinn, mit denen die Kinder im Herbst durch die Straßen ziehen? Oder ist es ein ferner Flötenton, der sie verführt, eine Handvoll Akelei zwischen die Astern zu setzen? Sie mag solche Fragen. Denn dann kann sie sofort antworten, dass Gärten für sie alles sind, nur kein Versuch, ein Abbild der Natur nachzubauen. „Garten ist für mich etwas sehr Menschengemachtes. Seine Ordnung ist künstlich, eine Komposition aus Utopie und ganz konkreten Pflanzenkenntnissen. Man pflanzt nicht Natur pur, sondern setzt naturalistische Bilder kunstvoll in Szene – mithilfe einer ganzen Partitur: Was blüht wann, wie lange, welchen Platz wird es einnehmen, hat es einen Soloeinsatz, bringt es eine bestimmte Schwingung oder einen Kontrapunkt ins Gartenbild? Es wäre ein Trugschluss zu glauben, man brauche nur ein paar Wald- oder Wiesenbilder nachzuahmen und dann sich selbst überlassen, bis ein hübsches kleines Biotop daraus entsteht."

Nicht um Urwüchsigkeit ginge es, sondern um gekonnt eingesetzte Elemente. Um Kultur, nicht um Natur. Hier ein paar romantische Töne in Bleu mithilfe der Feinstrahlastern *(Erigeron speciosus*-Hybride), dort ein Fanfarenstoß ihrer magentafarbenen Schwestern, leise verdunkelnd im Rubinrot einer Fetthenne *(Sedum telephium*-Hybride). Davor vielleicht – wie in ihren Berliner Gartenszenen – eine Gruppe sattvioletter Duftnesseln *(Agastache)*, als mische sich eine Tuba ins Konzert. Dazwischen helllila Verbenen *(Verbena)*, durchweht von der Melancholie cyclamfarbener Cosmeen *(Cosmos bipinnatus)*. Lauter Haupt- und Nebenmelodien tun sich da auf. Scheint so, als habe Gabriella Pape immer schon eine fertige Sinfonie im Kopf, deren Sequenzen sie selbst am liebsten als Ton-in-Ton-Farbspiel zusammenfügt. Wie jedermann seine eigene Gartenmelodie findet, lehrt die Gartenkünstlerin genau hier, in Sichtweite ihrer öffentlich präsentierten Beetkompositionen. Der Name des Orts swingt: „Königliche Gartenakademie Berlin-Dahlem." Dass es an dieser historischen Stätte nicht nur etwas zu lernen gibt, sondern im kunstvoll angelegten Garten auch viel zu gucken und zu kaufen, könnte allein schon süchtig machen. Aber die Akademiegründerin selbst macht neugierig: Ist in Hamburg geboren, in Großbritannien berühmt geworden und nun in Peter Joseph Lennés (1789–1866) ehemaliger „Gartenlehranstalt" als neue deutsche Koryphäe der Gartenkultur gelandet. Eigentlich ist sie immer aufgefallen. Zuerst, weil sie als Kind schon ganze Tage im Garten verbrachte. „Waren sie nicht ein einsames Kind, so ganz allein mit sich?", wurde sie unlängst gefragt. „Warum sollte ich einsam gewesen sein", antwortete sie, „ich war doch da mit Hunderten von Pflanzen zusammen." Fast logisch, dass sie Gartenkultur und Landschaftsarchitektur studierte. Außergewöhnlich dann allerdings, dass sie als Deutsche im Gartenland England schnell eine führende Rolle übernahm und gemeinsam mit ihrer Partnerin, der belgischen Pflanzenchoreografin Isabelle Van Groeningen, internationalen Ruhm einheimste. Geradezu sensationell war, dass ihr Entwurf für die Chelsea Flower Show 2007 die Silver-Gilt-Medaille gewann. Mehr als so einen Garten-Oscar kann man nicht nach Hause tragen. Und nun also hat sie den Rang der Gründerin und Leiterin der „Königlichen Gartenakademie" in Dahlem eingenommen. Was für eine Karriere!

Und was für eine Chuzpe, als sie mit ihren Seminaren in der „Gartenakademie" begann! Da erzählte sie den Deutschen erst einmal, dass die meisten Gartenbesitzer hierzulande das Gefühl für Gartendesign und seine Bedeutung „verloren und auch noch nicht wiederentdeckt" hätten. Und dann zauste sie auch noch an unserem Selbstverständnis, dass wir im eigenen Garten vorwiegend einen Ort der Arbeit sähen, nicht aber – wie die Engländer – „schon immer auch einen Zufluchtsort für die Seele". Das klingt ganz schön mutig in einem Land, in dem seit drei Jahrzehnten ein gigantischer Gartenboom mit tagfüllenden Reden von privaten Para-

»Garten ist für mich etwas sehr Menschengemachtes«

Rechts: Die Kunst des Komponierens – hier gezeigt mit lose zusammengestellten Stauden des Herbstes, die zum Verkauf angeboten werden. Hauptmelodie: Gelb, Orange und Bronzetöne. Höhe und Bewegung durch Gräser.
Unten: Das herzhafte Purpur des *Sedum* schafft Pointierung inmitten eher romantischer Pastelltöne. Die Gräser und letzten Cosmeen verweben die Szenerie miteinander. Wichtig: Die Hecken als ruhige Kulisse.

Mit Astern, Diamantgras und Salbei lassen sich Szenen anmutiger Wildheit planen. Im Hintergrund Brandkraut (*Phlomis*), das den ganzen Winter hindurch auch in verblühter Form eine schöne Form abgibt. Oft setzt Gabriella Pape – wie hier – eine Rose als Kontrapunkt ins Beet.

Schattenstauden – lauter feingliedrige Pflanzen mit jenem Hauch Ungebändigtheit, mit dem die Fantasie sich Paradieswiesen vorstellen mag; ergänzt durch ein moderneres Trendbeet aus weißen Akeleien (*Aquilegia*), fünf Salbeisorten (*Salvia*) und knallfarbener Nelkenwurz (*Geum*). „Die Engländer sind fasziniert von der ‚German Staudenrevolution'. Sie reisen zuhauf nach Weihenstephan, um sich die dortigen Pflanzmuster anzusehen, interessieren sich auch für die Prärie-Gärten, die die Amerikaner machen, obwohl englische Sommer im Prinzip zu nass sind für Präriestauden. So sind sie eben, die Engländer: Eine ganze Gesellschaft fühlt sich lebenslang eng verbunden mit ihren Gärten, hat seine berühmten Garten-Kolumnisten, seine Garten-TV-Sendungen und ist überhaupt nicht zu snobby, sich auf die neuen Staudentrends einzulassen, die nun mal anders aussehen als Sissinghurst-Beete, während man hier bei uns noch gar nicht von einer Staudenrevolution spricht."

Sie selbst jedenfalls hat vor, auch hierzulande „dem Gartenbesitzer zu zeigen, wie er den wahren Reichtum seines Stückchens Land für sich entdecken kann", wie sie in ihrem Buch ‚Gartenverführung' sagt. Dass man dabei atemberaubende Blühspektakel sehr individuell mit klassischen architektonischen Strukturen verbinden kann, ist auf dem von ihr gestalteten Gartengelände rund um ihre Akademie nachzuvollziehen. Schon in der Früh wird man sie dort wirtschaften sehen und vielleicht ein wenig ahnen, dass es dabei auch um ein Quentchen Trauerarbeit geht: Als sie 2007 nach Deutschland zurückkehrte, musste sie ihren eigenen spektakulären Garten in der Nähe von Oxford aufgeben. „Ihn im Stich zu lassen, ist schon mit viel Herzschmerz verbunden", sagt sie. „Ich vermisse es, barfuss durch den Garten zu gehen und den Tag zu begrüßen. Man fühlt sich wurzellos ohne eigenen Garten. Aber hier ziehen wir abends manchmal auch ein paar Stühle in den Schatten und sitzen da und reden mitten zwischen den Pflanzen. Das ist dann auch ein sehr privater, glücklicher Moment."

diesen anbrandete und wo vor allem Frauen von Nord bis Süd traumhafte private Gärten schufen, über die sie wie über eine große Lovestory reden. Doch ist der Blick von außen auch eine Offenbarung: Gabriella Pape schwärmt von einer neuen deutschen „Staudenbewegung", die das Können des Stauden-Gurus Karl Foerster wieder ins Bewusstsein bringt. Sie selbst hat ihren Sieger-Schaugarten auf der Chelsea Flower Show nach dem Vorbild seines berühmten Senkgartens in Potsdam-Bornim geschaffen; mit traditionellen Foerster-Beeten und „German style planting" aus Funkien (*Hosta*), Fingerhüten (*Digitalis*), Sterndolden (*Astrantia*), Spornblumen (*Centranthus ruber*), Rodgersien (*Rodgersia*), Gräsern und mit in Drifts gepflanzten

Erfahrungen

Dass man mit seinem Garten leben muss, um ihm das Gesicht zu geben, in dem man sich selbst wiederfindet. Mir ist der frühe Morgen für solche Erkenntnis wichtig, wenn einem die Welt allein gehört. Und der späte Nachmittag, da atmet der Garten mit mir aus. Das gehört für mich zusammen: einatmen, ausatmen im Garten.

Dass jeder seinen eigenen Gartenstil finden kann mit dem sogenannten „Storyboard"; mit diesem Instrumentarium, die eigene Gartengeschichte abzufragen, erfahre ich als Gestalterin sehr viel, was für einen Garten jemand erträumt – und er selbst findet die Elemente heraus, die er mag und für die sein Garten auch eine Möglichkeit bietet.

Dass Gartengestaltung viel mehr mit Struktur zu tun hat, als manches lyrische Gemüt ahnt. Eine Pergola, Hecken, geschwungene Pfade und schön gepflasterte Wege schaffen Linien, die einen Garten harmonisch zusammenhalten.

Dass die Pflanze selber aber immer im Mittelpunkt stehen sollte. Mit der Gestaltung rundum gibt man ihr die Plattform, die sie zum absoluten Mittelpunkt macht.

Lieblingspflanzen

Alle Stauden, die Sie in meinen Pflanzungen sehen; Rosen nur in der Kombination mit Stauden oder Gräsern. Besonders gern Mohn *(Papaver)* in Orange; Mohn finde ich sehr erotisch.

Power und Zartheit als Kontrast: Die hochbeinigen filigranen Verbenen vertragen als Untergrund geschmeidige Polster aus niedrigen Astern (ganz links) und stabilere großblumige Staudengruppen, z.B. von Purpur-Sonnenhut *(Echinacea)* und flach gehaltenen Rosen. Die zierliche Prachtkerze *(Gaura,* rechts unten) setzt das Thema Zartheit fort. Zieräpfel geben Höhe und können auch am Spalier gezogen werden.

Ingrid Noll

KRIMI-AUTORIN, VIELFACH AUSGEZEICH-
NETE „MUTTER" ZAHLREICHER BESTSELLER

Vorherige Seite und diese: Zwischen der weinbewachsenen Hausfassade und dem Rosen-Päonien-Beet versteckt sich der Sitzplatz. Der Gingkobaum ragt schlank aus dem Beet auf und überragt das Haus. Ingrid Noll hat ihn aus einem geschenkten Samen gezogen – er erinnert sie an die chinesische Heimat ihrer Kindheit und scheint ihr besondere Krimi-Ideen zuzuwehen.

Was fände man, wenn man hinter den Büschen hockte, um einer Krimiautorin zuzuschauen, wie sie die Spuren ihres nächsten Buchs verfolgt? Bei Ingrid Noll dürfte man damit rechnen, dass man sie im Garten singen hört. Ihr Repertoire ist ziemlich groß; es reicht von den Blümelein, die schlafen, über den Flieder im Garten des Vaters – Au jardin de mon père/ Les lilas sont fleuris – bis zur letzten Rose des Sommers in einem englischen Garten: „Tis the last rose of summer/ Left blooming alone." Man würde sie herumwandern sehen, wie sie beim Singen einer Brennnessel den Garaus macht und der Amsel den Mord an einem Regenwurm durchgehen lässt. Spannender ist, wenn sie sich schlafend gibt. „Sollte ich mich gelegentlich auf einem Liegestuhl ausstrecken, ist das meist nicht von langer Dauer", wird sie dir erklären. „Immer erspähe ich etwas, das abgeschnitten oder herausgerupft werden muss. Falls ich mich aber in einem trägen Zustand befinde und die Augen schließe, dann tut sich etwas im Kopf. Oft kommen die besten Ideen für einen Roman in jenem grün-goldenen Dämmerzustand, wenn ich völlig entspannt bin."
Da hat sie noch andere Methoden, bei denen Gartenliebhaberinnen sogleich das Herz aufgehen wird: „Ich habe Probleme mit meinen Augen. Manchmal stelle ich mir vor, ich wäre blind. Dann setze ich mich auf die Bank und lausche, wie unterschiedlich die Vögel singen und mit welchem Laut sie im Laub herumhuschen. Ich stelle mir vor, wie ich die Natur riechen würde oder wie sich die Baumrinde anfühlt, wenn ich sie nicht mehr sehe, sondern ertaste. Auch Kinder höre ich immer gern. Und nachts alle Töne, auf die man sonst nicht achtet. Ich finde es zum Beispiel schön, im Bett zu liegen, wenn es auf den Wilden Wein regnet und man die Tropfen auf die Blätter fallen hört. Ein Gefühl, als ob man gleichzeitig drinnen und draußen wäre. Tiefe Geborgenheit."
Ingrid Noll hat einmal gesagt: „Von Anfang an bin ich aus zwei unterschiedlichen Träumen gemacht. Der eine will mir die Abenteuer des Reisens und Schreibens schenken, des Erfindens meiner eigenen Welt. Ein friedlicher Höhepunkt dieses Traums ist ein imaginäres Arbeitszimmer hoch auf einem Berg, von wo aus ich ein Tal überblicke. Dort haben sich, wie in einem Garten Eden, alle Tiere dieser Welt versammelt. Der andere ist der Traum einer mächtigen Tradition und bedeutet Kinder haben, eine eigene Familie."

Beides fand sie: Ihre Familie mit drei Kindern und bald vier Enkelkindern – und daneben den großen Raum der Fantasie. Mit 55 Jahren schrieb sie ihren ersten Roman „Der Hahn ist tot", der in seiner düsteren Hintergründigkeit prompt ein Bestseller wurde; bis heute ist sie Deutschlands auflagenstärkste Krimiautorin. „Wer ich war vor der späten Schreibphase? Eine von den unzähligen Hausfrauen und Müttern, die ihrem Mann den Rücken frei hält. Ich half in der Praxis, tippte Gutachten, engagierte mich im Elternbeirat, kutschierte die Kinder, überwachte Hausaufgaben, lud Gäste ein, organisierte Familienessen, bewirtete Freunde, sang im Chor, malte und plante unsere Reisen und beackerte den Garten. Jedenfalls hatte ich kaum Zeit für mich selbst, war aber trotzdem nicht unzufrieden."
Aufgewachsen war sie in China, wo ihr deutscher Vater als Arzt tätig war. Man hatte einen Koch, einen Boy, einen Kuli zum Putzen, eine Frau für die Wäsche – und viel Raum für Kinderträume. „In Nanking hatten wir einen großen Garten, der von einem gläubigen Buddhisten namens Lofu gepflegt wurde. Wir Kinder mussten allerdings in den Gemüsebeeten die Kohlraupen ablesen, weil Lofu nichts mit diesem Massaker zu tun haben wollte. Wir liebten diese Arbeit auch nicht besonders, denn die fetten Raupen wurden in einer mit Wasser gefüllten Blechdose ertränkt. Den ekligen Geruch nach Fäulnis und Rost werde ich nie vergessen." Dennoch: „Der Garten war unser Paradies." Vor dem Haus standen zwei Ginkgobäume, die von den Chinesen als heilige Gewächse verehrt werden. „Wenn es die Eltern nicht sahen, knieten wir Kinder vor den Ginkgos nieder und beteten sie an. Es gab auch Pfirsich- und Maulbeerbäume mit köstlichen Früchten, verschiedene Koniferen und vor allem viele Blumen: Zinnien, Callas, Tagetes, Ringelblumen. Auf den Wegen leuchteten die Portulak-Röschen in den Fugen der Steinplatten wie Seide in Rot- und Gelb-

»Der hochgiftige Eisenhut fühlt sich bei einer Kriminalautorin wohl«

Der „geheime Garten" als Ort der Geselligkeit; hier finden sich die Familie und Gäste in abgeschirmter Gesprächsatmosphäre zusammen.

tönen." Es gab sogar ein kleines Bambuswäldchen. Fasziniert beobachteten wir, wie junge Sprösslinge in kurzer Zeit einen schweren Stein hochdrückten und man fast zusehen konnte, wie schnell sie wuchsen. Oft kletterten wir auf einer Trauerweide herum und suchten dort die leeren Chitinhülsen der Zikaden." Wenn Ingrid Noll zu erzählen beginnt, ahnt man, wie hart der Bruch gewesen sein muss, als die Familie 1949 nach Deutschland kam. „Wir haben es uns als Idylle vorgestellt, und da waren vor allem Trümmer. In der Schule waren meine Schwestern und ich grottenschlecht. Wir kannten nicht einmal die Lieder, die sie sangen. Wir drückten uns auch anders aus; wir hatten altmodische Bücher gelesen und sagten Sprüche wie ‚Wohlan denn ...'. Aber das Fremdheitsgefühl hat sich verloren beim ersten eigenen Haus und Garten. Da findet man wieder Wurzeln." Den heutigen Garten haben sie und ihr Mann nie geplant. Er war einfach da, als sie vor etwa 35 Jahren einzogen. Ihnen gefiel, dass er von allen Seiten mit einer dichten Ligusterhecke umgeben war. Man pflanzte einen Kirschbaum, eine Magnolie. An die Südseite setzte Ingrid Noll drei Rebstöcke, die inzwischen das ganze Haus mit dichtem Pelz umwuchern. „Im Sommer, wenn der Wein in Blüte steht, sind unsere ‚Bienentage', dann summt und brummt es stundenlang. Schneeglöckchen strecken in unserem milden Klima manchmal schon im Januar ihre Köpfchen aus der Erde. Nach *Tulipa* und *Narzissus* blühen bei uns die Maiglöckchen und Himmelsschlüssel, die noch von meiner Mutter beim Spaziergang ausgegraben worden sind. Ende April kann man es auf der Terrasse vom berauschenden Duft der blühenden Glyzinien zuweilen kaum aushalten. Im Juni blühen der Felberich (*Lysimachia*), die Kornblumen, Glockenblumen und Lavendel. Meine liebste Jahreszeit jedoch ist der Altweibersommer mit milder Sonne, Pflaumenkuchen auf der Terrasse und mit den letzten Rosen." In ihrem Garten, sagt sie, hat sie das gute Gefühl, selbst noch ein Stück Natur zu sein. Nichts schöner als das: „Barfuß laufen, Regentropfen auf der Haut spüren, Kirschen vom Baum pflücken, Tiere belauschen, Kränzchen aus Gänseblümchen für die Enkelin flechten und an heißen Sommertagen eine Wanne mit Wasser auf die Terrasse stellen, wo die kleinen Jungen unermüdlich brennende Dornbüsche löschen; manchmal auch die ahnungslose Großmutter." Menschen lieben Gärten auch deswegen, weil sie uns vergewissern, dass es einen ewigen Kreislauf gibt. Nichts fasziniert uns mehr als die Wiederholung des Vertrauten. Vor 25 Jahren pflanzte Ingrid Noll ein Ginkgopflänzchen, das sie aus Kernen gezogen hatte; heute überragt der Baum wie damals in Nanking ihr Haus. „Er ist *mein* Baum, den ich zwar nicht anbete, aber liebe, und der sich im Herbst mit goldenen Blättern schmückt. Manchmal presse ich eines der gelben Blätter in einem Buch und schicke es an liebe Freunde."

Erfahrungen

Dass Kornblumen wieder austreiben und noch einmal blühen, wenn ich sie gleich nach der Blüte ganz herunterschneide; abgeblühte Disteln lasse ich stehen, denn irgendwann werden sie von den Stieglitzen entdeckt.

Dass die Funkien in manchen Jahren von Schnecken gefrühstückt werden, da helfen dann nur mörderische Mittel.

Dass sich der hochgiftige Eisenhut *(Aconitum)* bei einer Kriminalautorin wohl fühlt, während uns der Rittersporn leider meistens eingeht.

Dass ein rigoroser Schnitt verblüffende Erfolge haben kann. Mehrmals im Jahr erhalten wir Hilfe von einer ebenso kompetenten wie sympathischen Gärtnerin. Bei ihrer Querbeet-Razzia schneidet sie auch Hecken und Bäume.

Dass sich Hartnäckigkeit lohnt: nach zähem Ringen ist auch die einfache Margerite wieder heimisch bei uns, ebenso der Phlox. Unsere Akeleien und Glockenblumen säen sich selber aus.

Dass auch Blätter bezaubern können. Was wären die leuchtend orangefarbenen Blüten der Kapuzinerkresse ohne ihre schönen dunkelgrünen Blätter?

Dass die heimische Petersilie im Kreis von Mittelmeerpflanzen fremdelt und verkümmert. Bei den Küchenkräutern dominiert ein stattlicher Salbeistrauch, zu seinen Füßen und um ihn herum wachsen rotes Basilikum, Rosmarin, Thymian, Sauerampfer und Oregano.

Lieblingspflanzen

Kosmeen *(Cosmos bipinnatus)* in Rosa, Weiß, Rot, die mein Mann in jedem Frühjahr in Kästen sät und später überall im Garten auspflanzt.

Wir haben auch einige Rosenstöcke, von denen die 'Gloria Dei' schon über 50 Jahre alt ist und immer noch fleißig blüht.

Auch unsere Pfingstrosen *(Paeonia)* kommen Jahr für Jahr, unermüdlich und prächtig.

Stoff für die Kriminalautorin: die roten Früchte des hochgiftigen Maiglöckchens. Freude für die Augen: Kosmeen, Fuchsien für die Pflanztöpfe, Wilder Jasmin und die Rose 'Golden Celebration', dazu leises Geraschel der Blätter vom Ginkgobaum.

Monika Kasberger

———

GELERNTE FRISEURIN, GARTEN-AUTODIDAKTIN,
MIT-INITIATORIN „OFFENE GARTENTÜR".
GARTEN IN BAD GRIESBACH, BAYERN

Vorherige Seite: Das Blühen hat kein Ende – vor dem Pavillon erhebt sich rechts die Rose 'Fritz Nobis', die beim Aufblühen heller wird. Zu ihren Füßen die zweifarbige 'Roger Lambelin'. Hinten links sieht man die 'Stanwell Perpetual', daneben die sehr weiße 'Leda' und die rote 'Great Western'. Die Schöne ganz vorn im Bild heißt 'Président de Sèze'.
Rechts: Vorn prunkt eine Päonie, die Strauchrose dahinter heißt 'Duc de Cambridge'. Am Pavillon im Hintergrund türmt sich 'Paul's Himalayan Musk' auf.

Wie war das mit Dornröschen? Verzauberung breitete sich aus im Schloss, eine tiefe Versunkenheit, die den ganzen Hofstaat erfasste. „Da schliefen auch die Pferde im Stall, die Hunde im Hofe, die Tauben auf dem Dache, die Fliegen an der Wand, ja, das Feuer auf dem Herd flackerte, ward still und schlief ein …" Das muss sich wie ein Sommertag bei Monika Kasberger angefühlt haben, wenn die Hitze wie eine Glucke über dem Land brütet und sich nicht einmal mehr die Bienen über den Rosen wiegen. Stillstand der Zeit. „Rings um das Schloss aber begann eine Dornenhecke zu wachsen, die höher und höher ward und endlich das ganze Schloss umzog, dass gar nichts mehr davon zu sehen war, nicht einmal die Fahne auf dem Dach …"
Ein einziger Rosenrausch tut sich auf für den Gast auf dem Kasberger-Hof. Wogen von Purpurrosen wie 'Cardinal de Richelieu' und 'Rose de Resht' vermengen sich mit der zartrosa 'New Dawn'. Ramblerrosen wie 'Paul's Himalayan Musk' bäumen sich auf wie Himmelsstürmer, die weiße 'Bobbie James' wächst auf einer Seite des Hausdachs herauf, auf der anderen Seite wieder runter. Die zartrosa 'Brenda Colvin' schäumt wie eine porzellanene Gischt – und das Blühen hat kein Ende. 450 Rosen hat Monika Kasberger gesetzt. Alle prunken so sinnbetörend, dass sie am Ende der Saison ganz froh ist, wenn wieder Ruhe in die Beete einkehrt. „Ich genieße die Üppigkeit der Rosen sehr. Aber ich freue mich auch, wenn dann in blütenärmerer Zeit wieder meine Pflanzenraritäten mehr Beachtung finden. Nach ihnen fahnde ich ja mit besonderer Leidenschaft, bin oft auf Pflanzenmärkten unterwegs auf der Suche nach botanischen Raritäten wie zum Beispiel Scheinhortensien *(Deinanthe caerulea)*, Scheinanemonen *(Anemonopsis macrophylla)* oder Falschen Maiglöckchen *(Speirantha convallarioides).*"
Dann sind da noch die Stauden in fein abgestimmten Inselbeeten. Und eng bepflanzte Beete ums Haus herum gibt es mit Pfeifenstrauch *(Philadelphus coronarius)*, Etagenschnee *(Viburnum plicatum 'Mariesii')*, Blumenhartriegel *(Cornus kousa)*. Und noch beeindruckender das Garderegiment der Kübelpflanzen im Innenhof – Oleander, Engelstrompeten, Hortensien, eine Paradiesvogelblume *(Strelitzia reginae)*, dazu ein Hammerstrauch *(Cestrum elegans)* mit dunkelroten flaschenförmigen, herunterhängenden Blüten. Wenn Rosen sich an einer bestimmten Stelle des Gartens nicht wohlfühlen, werden sie ebenfalls in Töpfe gesetzt, bis sie sich stark genug entwickelt haben, um wieder ausgepflanzt zu werden. Bis in den tiefen Herbst hinein nimmt die Pracht kein Ende. „Ich bin wirklich jede freie Minute im Garten. Mir fehlt kein freier Samstag, kein Sonntag. Ich will in meinem Garten sein. Man wird gelassener beim Umgang mit Pflanzen. Ein Gefühl, als könne mir bei ihnen nichts passieren. Da bin ich in einer anderen Welt, und alle Probleme prallen ab."
Die Gartenleidenschaft hat früh begonnen. Und sie begann von Anfang an auf dem Hof der Eltern. „Meine Schwester und ich sind in den Wiesen

Links unten: Die kleinblütige Alba-Rose 'Blush Hip' rankt hier höher als es Kataloge versprechen. In sie verwoben ist der moderne Kletterer 'Sympathie'.

Oben: Der 4000 qm große Garten wird begrenzt von alten Bäumen. Vor dieser Kulisse heben sich die durch guten Frühjahrsschnitt schön gewölbten Rosensträucher umso gefälliger ab. Vorgepflanzt ist hier neben vielen anderen Stauden vor allem graulaubiger Wollziest (*Stachys*).
Mitte: Der weiße Rosengarten führt an einer anderen Stelle ins freie Land. Um hinausschauen zu können, wurde ein Loch in die Buchenhecke geschnitten. Die weiße Rose links ist die *Rosa* x *alba* 'Maxima', hinten am Obelisken rankt 'Madame Plantier'. Rechts am Eingang trifft man auf eine Pfingstrose, der Wegrand ist gesäumt mit der weißblühenden *Aster divaricatus*.
Unten: Im Hof fühlt sich die rote 'Rosarium Uetersen' wohl, dahinter die weitverbreitete sehr beständige 'Bonica'. Der Eingang zum Haus wird flankiert von zwei mit Buchs umpflanzten Robinien. Hier lebt Monika Kasberger auch ihre Liebe zu Kübelpflanzen aus.

umhergelaufen. Ich konnte mir nie vorstellen, irgendwo in der Stadt zu leben. Nicht mal in einem Dorf, einer Siedlung. Wir haben hier nur einen Nachbarn, sonst weit und breit nichts. Eine kleine Einöde." Manchmal, wenn sie abends noch im Garten herumgeht, ist sie selbst erschrocken, was für ein Paradies daraus geworden ist. Die Mutter starb früh. Monika Kasberger musste ihren Beruf aufgeben, hat geheiratet, zwei Kinder bekommen – „und da ist die Gartenleidenschaft so richtig angegangen". Immer wieder mal wurde der Zaun versetzt und der Garten erweitert. Ein großes Staudenbeet wurde gesetzt, und schon wieder war der Garten zu klein. Als eine Wiese verpachtet wurde, sollten nicht Pferde zum Küchenfenster hereinschauen – „da haben wir den Garten noch ein bisschen weiter rausgerückt. Und dann noch mal vergrößert. Das waren schon fast 3000 Quadratmeter. Und vor drei Jahren haben wir das letzte Stück hinzugenommen." Eine Pflanzensammlerin ist aus Monika Kasberger geworden. Eine, die die Sehnsucht nach Schönheit packte. Und nach Perfektion. „Erst haben die Kinder nur von ‚Mamas Garten' gesprochen; nun zeigen sie voller Stolz ihren Freunden den Garten." Ihr besonderes Glück, sagt sie, besteht darin, dass auch ihr Mann ihre Gartenliebe teilt. Ein Dutzend Mal waren beide in England auf Gartenreisen; allein sechsmal in Sissinghurst, natürlich brachten sie einen weißen Garten als Andenken mit. Rund 400 Gartenbücher hat sie zusammengetragen. Ihr Mann wurde immer perfekter in der Kunst des Heckenschneidens. Was Glück ist? Nach getaner Arbeit bei Kerzenschein gemeinsam auf der Terrasse zu sitzen. Von wegen Einöde. 15 Sitzgruppen sind zwischen Haus und Garten verteilt. Klingt so, als seien die beiden ständig auf Weltreise durch ihren Garten.

Erfahrungen

Dass Rosen völlig neue Stimmungen vermitteln, je nachdem wie sie präsentiert werden. Sie wirken romantisch vor unseren drei Pavillons; eher stolz und prächtig in sorgsam gemischten Beeten; wild und mächtig als Rambler; elegant, wenn sie auf klassische Weise aufgebunden werden wie mein Trio aus roten, rosa und weißen Kletterrosen. An meinen beiden Laubengängen präsentieren sich die Rosen besonders schön, wenn ich biegsame Ranken nehme.

Dass einmalblühende Rosen weniger Pflege brauchen; ich rupfe ihre Blüten eigentlich nur dann heraus, wenn sie weich und vom Regen matschig geworden sind.

Dass Unterpflanzungen besonders wichtig sind, wenn man Rosen liebt; sie schaffen verschiedene Atmosphären; ich liebe meine Farnbeete besonders, weil sie so schönes Morgenlicht einfangen.

Dass das Mammutblatt *(Gunnera manicata)* bei uns auch Fröste übersteht, wenn es mit viel Laub winterfest eingepackt wird; unsere Pflanzen stehen schon 15 Jahre im Schattenbereich.

Lieblingspflanzen

Meine Rosen: 'Fantin Latour', 'Constance Spry', 'Charles de Mills', 'Bobbie James', 'Raubritter'.
Schattenpflanzen: Purpurglöckchen *(Heuchera)*, Funkien *(Hosta)*, Farne und meine Raritäten wie Anemonelle *(Anemonella thalictroides)*, Kobra-Lilie *(Arisaema)*, Christrose *(Helleborus)* usw.
Im Frühling die Schneeglöckchen *(Galanthus nivalis)*.

Die aufgebundene rosa Rose trägt den Namen 'Fragezeichen', zu ihren Füßen ein Pulk von Nachtkerzen *(Oenothera speciosa* 'Siskiyou'). Die apfelblütige weiße Rose heißt 'Francis E. Lester', die rosafarbene 'Blush Hip'. Rechts ein Storchschnabel, darunter eine weiße Päonie. Und links der Ort, um von noch mehr Rosen zu träumen: der schöne Pavillon aus Holz und Metall, bewachsen mit der Ramblerrose *Rosa helenae*, die im Herbst dicke Hagebutten ansetzt.

EIN GARTEN WIE EIN SCHIFF

Gaby Hauptmann

⨳

BESTSELLERAUTORIN (6 BÜCHER VERFILMT), JOURNALISTIN, PRODUZENTIN VON HÖR-FUNK- UND TV-BEITRÄGEN, MODERATORIN

Vorherige Seite: Dies könnte auch eine lauschige Weinlaube mit Töpfen voller Geranien und Phlox sein. Ist aber die unterste Ebene von Gaby Hauptmanns Garten. Viel mehr Platz als das, was man hier sieht, gibt es nicht – jedoch einen endlosen Blick auf den Bodensee.
Unten: Die obere Ebene mit Reling und richtigem Schiffsausguck an der rechten Ecke. Unter dem Deck sieht man den Minigarten von Ebene 1.

Ihr Balkon sieht aus wie ein Schiff. Der Garten ist zweischichtig übereinandergestapelt wie schönste Außendecks. Alles winzig, gemessen an anderen Gartendimensionen, und gerade so, dass man ausschreiten kann wie auf den Planken eines Dreimasters. Aber der Blick ist gigantisch. Das Gartengefühl auch. Denn Gaby Hauptmann hat ihren Garten vor den Bodensee gepflanzt. Fast schwebt er überm Ufer. Die untere Ebene grenzt sich durch eine Steinmauer zum See ab, im Sommer plätschert das Wasser dagegen und im Winter friert der See zwischen Allensbach und der Insel Reichenau manchmal zu und wird zur riesigen Schlittschuhbahn. Von unten wächst eine Kletterrose durch die Lücke in den Holzplanken des Balkons nach oben und blüht bis spät in den Herbst hinein so herzaufreißend, als wäre sie von der Gottesmutter Maria höchstselbst geküsst oder mindestens hundert Jahre alt. Wie alt sie wirklich ist, weiß Gaby Hauptmann selbst nicht, aber als sie ihr Haus verdoppelte und dafür das daneben stehende Häuschen abreißen musste, hat sie alle alten Rosenstöcke um dieses Haus herum ausgraben und später wieder einpflanzen lassen. „Ich mag die Pflanzen und sie mögen mich", sagt die Bestsellerautorin, die 1995 ihren ganz großen Coup mit dem Titel 'Suche impotenten Mann zum Leben' landete. „Und ich mag, wie der Wein das Haus bewächst und wie die Rose bald zum Fenster hereinkommt. Am umwerfendsten finde ich, dass sie noch blüht, wenn schon der Schnee gefallen ist."

Viel weiß sie nicht über Pflanzen. Was bedeutet es schon, den Namen Rhododendron abrufbar zu haben, wenn man doch weiß, dass „dieser große kugelige Busch, ungefähr zwei Meter hoch" so sensationell pinkfarben blüht, dass es einen jedes Frühjahr vom Hocker haut. Nun ja, die Blütezeit ist ein wenig kurz, aber er bleibt wenigstens grün. Und überhaupt: Garten ist etwas Lebendiges, das man unter den Füßen spürt – abends, wenn sie bar-

»Garten ist etwas Lebendiges, das man unter den Füßen spürt«

fuß mit der Gießkanne herumstreift; vom kleinen Rasenstück über den Mosaikstern und die marmornen Treppen hinunter zum See, wo sie das Wasser schöpft. „Das Bodenseewasser, das hat noch Nährstoffe. Und schön ist es, durchs Gras oder über Moos zu gehen – ein Ritual! Mit dem Gießen läute ich den Abend ein. Da wandern auch mehr Tiere herum, und die Enten im See unterhalten sich." Ohne den Garten wäre ihr das Haus nur halb so lieb. Sie war damals als Mieterin sowieso nur eingezogen, weil der Vermieter ihre eigenen Umbauten genehmigte. Früher, sagt sie, haben die Menschen den Blick auf die Straße gerichtet und dem See den Rücken zugewandt, weil er Wind und Feuchtigkeit in die Räume trägt. Manchmal auch Geschichten vom Ertrinken und Untergehen. Sie aber wollte das ganz große Panorama. „Total eingegrenzt zu sein, wäre schrecklich, weil man nicht die Weite spüren kann, die die Natur uns schenkt. Was mich fasziniert, ist, dass der Bodensee eigentlich noch so ist, wie er vor Jahrmillionen entstand. Von meinem Haus aus sehe ich die erloschenen Vulkane, die wie eh und je in die Landschaft eingebettet sind. Mein Blick kann in die Ferne zu den Hügeln des Hegaus schweifen oder gegenüber auf der Insel Reichenau ruhen. Der Wechsel tut den Augen gut: loslassen und fixieren. Aber die eigentliche Energie geht vom See aus, weil die Wellen ja immer auf mich zu fließen. Für mich ist das ein unerschöpfliches Energiebecken."

So klein Gaby Hauptmanns Garten sein mag – sie hat ihn angelegt für viele Gäste. An einem runden Tisch, an dem zwölf Personen Platz finden, lassen sich die rundumlaufenden Sitzbänke so verstellen, dass sie ohne Aufhebens mal höher zum Kindersitz oder ganz hoch zur größeren Tischplatte werden. Das Deck im ersten Stock bietet Raum genug für lange Gespräche in die Nacht. Die Trauben, die üppig zum See hin gedeihen, dürfen von Menschen und Vögeln genascht werden und werden bei reicher Ernte kistenweise zu Saft gepresst. Und immer, sagt sie, habe sie auch den Wunsch gehabt, Tiere um sich herum zu wissen. Es gab Zeiten, da hatte sie die Verantwortung für elf Kleintiere wie Katze, Schildkröte, Kaninchen und Buntratten, die größtenteils frei im Garten herumliefen, und dazu für fünf Pferde und Ponys im kleinen Reitstall von Allensbach, weil Tochter Valeska eine leidenschaft-

Lichtdurchflort, der Zugang zum Bootsanleger. Von hier aus steigt eine Rose fast bis aufs Dach und rahmt den Blick auf den See. Einen Zugang von der Straße her gibt es nicht; in Allensbach war es Tradition, die Häuser zur Straße auszurichten – ohne Gärten und mit dem Rücken zum See.

liche Pferdeliebhaberin und begabte Turnierreiterin ist. Und die Bodensee-Enten liebt sie; nichts schöner als im Herbst zuzuschauen, wenn von Norden die Zugvögel und Wintergäste einfallen und sich wie lange vermisste Verwandtschaft unter die einheimischen Enten mischen. „Ein Garten ist für mich perfekt, wenn es ein Zwischenspiel zwischen Pflanzen und Tieren gibt. Wenn sich der Igel im Laubhügel zum Schlafen legt und jede Menge Getier, das einem über die Teller tanzt." Dass sie erst nachdenken muss, um herauszufinden, dass ihre

Der Spielgarten mit einer Wendeltreppe zum Deck. Hier wird gegessen, geträumt und gespielt. Zur Zeit des Vogelflugs landen Tausende von Enten auf dem See und kommen manchmal zu Besuch auf den Rasen.

Der alte Nussbaum war schon fast verloren, weil der Vorbesitzer die Sicht freischlagen wollte. Gaby Hauptmann hat seine Wunden verklebt und noch einmal fachmännisch zurückstutzen lassen – er hat überlebt.

Lieblingspflanze im Garten – neben der Rose – Hortensie heißt, bringt sie selber zum Lachen. „Ich bin ein Augenmensch. Ich kann stundenlang eine Blüte anschauen, ohne zu wissen, wie sie heißt." Da sei sie das krasse Gegenteil ihrer Mutter, die jedes Kraut und jede Blume beim Namen nennen kann. „Was ich ihr viel lieber nachmache, ist ihre Leidenschaft, Pflanzen zu schützen", sagt Gaby Hauptmann. „Als im Wald hinter dem Häuschen unseres Großvaters Tannen gefällt werden sollten, wurden die Todeskandidaten per Axt mit tiefen Kerben markiert. Meine Mutter ist nachts rausgeschlichen, hat die herausgeschlagenen Holzstücke mit Pattex wieder zusammengeklebt und in die Bäume zurückgedrückt. Das hat die Holzfäller tags darauf dann ziemlich verwirrt und einige dieser Tannen sind stehen geblieben. Das ist die Gartenseele, die mir gefällt."

Erfahrungen

Dass man seinen Garten riechen, schmecken und unter den Füßen spüren muss, damit er einen glücklich macht.

Dass Bodenseewasser ihm außerordentlich gut bekommt.

Dass ein Garten auch wächst, wenn man selbst wenig Ahnung hat – immerhin sind meine Mitarbeiterin Heidi und meine Haushälterin Hilde zwei Frauen, die einen fantastisch grünen Daumen haben.

Lieblingspflanzen

Meine Kletterrose, deren Namen ich nicht kenne.
Mein Walnussbaum, den der Vorbesitzer mit einer Motorsäge halbierte, und den ich langsam wieder zum Leben brachte.
Himmelsschlüsselchen *(Primula veris)*, die die Vögel in meinen Garten tragen.
Hortensien *(Hydrangea macrophylla)*, wenn sie in allen Changierungen verblühen.

Nichts schöner, als eine fragile Sonnenbraut *(Helenium)* im Gegenlicht, mit dem blinkenden Wasser hinter sich. Geranien *(Pelargonium)* füllen die Töpfe auf der Terrasse. Die letzte Rose eines Oktobertags konkurriert mit den blauen Trauben. Kein Garten ohne Kätzchen; kein Hund wird es hier stören.

MEISTERWERK AUS RAMBLERN UND STAUDEN

Ursula Schnitzke-Spijker

KERAMIKERIN, GARTEN-AUTODIDAKTIN,
AKTIV BEI DER AKTION „OFFENE GÄRTEN".
GARTEN IN GELNHAUSEN-HAILER, HESSEN

Vorherige Seite: Wie gebannt streben Besucher sofort auf die Mitte der Blickachse zu, wo die Ramblerrose 'Bobbie James' prunkt. Im Vordergrund eröffnen Diamantgras und Frauenmantel den Weg ins Gartenparadies.
Unten: Vier Robinien markieren einen der zahlreichen Sitzplätze. Im Vordergrund die Rose 'Mme. Isaac Pereire' und rote Lobelien.

Atemberaubend sind die weißen Rambler in ihrem Garten. Wie blühender Schnee türmt sich 'Bobbie James' meterhoch im Gerüst, das den zusammengestürzten Pflaumenbaum ersetzte. Die ebenso weiße 'Lykkefund' bedeckt die Pfosten neben dem grün-weiß abgesetzten Gartenhaus, und überall in der großen Blickschneise schäumen andere weiße Blütentupfen auf. Im Juni ahnt man in diesem Garten, wie überwältigend vielschichtig ein einziger Farbton sein kann; erst recht, wenn der Himmel knallblau darüber steht und die Vogelgesänge einem das Herz verwirbeln.

Die eigentliche Sensation in ihrem Garten ist Ursula Schnitzke-Spijker jedoch in den versteckter liegenden Gartenräumen gelungen. In Kompositionen aus Wollziest *(Stachys byzantina)*, Zierlauch *(Allium)*, Silberkerze *(Cimicifuga)*, Ehrenpreis *(Veronica)* und Brandkraut *(Phlomis russeliana)* findet sich eine Anmutung, als wehten dort federleichte Melodien ineinander. Taglilien *(Hemerocallis)* vermengen sich mit Spornblumen *(Centranthus ruber)*. Eine mächtige Ligularie *(Ligularia)* gibt filigranem, hoch aufragendem Diamantgras *(Achnatherum brachytrichum)* Paroli. Es scheint so, als fügten sich die Themen wie von selbst zusammen – lauter Bild gewordene Gesänge, die sich in den Beeten wiegen. Man könnte meinen, Ursula Schnitzke-Spijker komponiert ihre Beete wortwörtlich, indem sie sie auf Notenblätter malt.

„Früher habe ich nur nach Farben gepflanzt, alles schön abgestimmt, dass es dem Auge gefiel", sagt sie. „Dann begriff ich, dass Pflanzen Lebensgemeinschaften bilden. Ich lernte durch viele Vorträge, welche Logik in der Wissenschaft der Pflanzensoziologie steckt. Und wie selbstverständlich bestimmte Pflanzen miteinander leben und konkurrieren mögen und andere nicht." Sie muss sehr genau hin-

Rechts: Hier ist die Rose 'Bobbie James' auf ein Gerüst gezogen. Ursula Schnitzke-Spijker lässt alle Rankhilfen nach eigenen Entwürfen von Schlossern anfertigen.
Rechts unten: Eine der verträumten Blickachsen, die nur ahnen lässt, wie viele Gartenräume sich dahinter noch erschließen.
Unten: Eibenhecken bilden den mächtigen Hintergrund; umso spielerischer zeigt sich die Staudenlandschaft. „Jeder Blick eine Komposition" heißt das Motto der Gärtnerin. Ihr noch wichtigeres Credo: Auf das Bedürfnis jeder Pflanze einzugehen und sie nach den Erkenntnissen der Pflanzensoziologie zusetzen.

gehört haben, als sie ihr Wissen um Bodenbeschaffenheiten, Pflanzengattungen und deren Lebensbedingungen systematisch ausbaute. Immer feineres Gespür entwickelte sie für Licht- und Wasserbedürfnis, immer sensiblere Kompositionen flogen ihr zu. Mancher Gärtnerin mag das wie ein mathematisches Puzzle erscheinen – dieses Gemenge, das sich aus der Gestalt einer Pflanze, ihrer Textur, ihrer Blühdauer, der Haltbarkeit, der Art ihrer Entwicklung ergibt. In Ursula Schnitzke-Spijkers Kopf formten sich Pflanzschemata fast beiläufig; die Gabe der Intuition hat sie bereits in ihrem Hauptberuf als Keramikerin bewiesen. Überhaupt hat ihr Studium an der Werkkunstschule ihr eine Sicherheit für Form, Ästhetik und Farbenlehre gegeben, die sie befähigte, nicht nur Pflanzbereiche, sondern Pflaster, Wege, Holz- und Metallgerüste, gemauerte Pfosten und gegossene Betonfüße zu entwerfen, die ihresgleichen suchen.

»*Symmetrie und Üppigkeit machen den Zauber meines Gartens aus*«

Und trotzdem sagt sie: „Ich hab eigentlich nichts Besonderes in meinem Garten."

Demut und Bescheidenheit – das hat sie tief verinnerlicht, seit eine schwere Krankheit ihr die Hände verkrüppelt. In letzter Zeit verwendet sie ihre ganze Kraft darauf, die Optik des Gartens zu erhalten. Auch unter ihren Pflanzen, meint sie, sei „nichts Besonderes". „Ich habe nur, was gut wächst", findet sie. „Ganz am Anfang, als ich noch keine Ahnung von Stauden hatte, habe ich den Katalog der Gärtnerei Zeppelin bestellt, mit Faltblatt der Bestimmungszirkel. Das war mein Einstieg. Heute experimentiere ich auf eigene Faust. Zu meinen Erfahrungen gehört, dass Pflanzen viel mehr Bedingungen gut ertragen, als manche Verzeichnisse ihnen zumuten wollen. Der Pflanzenschlüssel, den Fachleute zusammengestellt haben, ist ja nach dem Bild entstanden, wie man Pflanzen in der Natur beieinander gefunden hat. Aber vielleicht ist eine Pflanze ausgewandert und hat überraschenderweise eine ganz neue Nachbarpflanze gefunden. Da gibt es viele neue Entdeckungen zu machen."

Überhaupt hat sie Gartenbilder erschaffen, die Besucher überraschen. Auf den ersten Blick scheinen zwei große Sichtachsen den Garten zu bestimmen – den Blick vom Haus der Mutter aus, der sich im weißen Blütensturzbach des Ramblers 'Bobbie James' fängt, und als zweites die Perspektive, die sich vom Wintergarten ihres eigenen Hauses aus durch die rosa bewachsene Pergola ergibt. In Wirklichkeit ist der gesamte Garten in einzelne Räume aufgeteilt, jeder von ihnen eine Offenbarung mit sehr unterschiedlichen Stimmungen. Erstaunt stellt man beim Verlassen der über und über berankten Rosenpergola fest, dass parallel zu ihr ein geradlinig gefasster Gemüse-

Ein romantisches Duett zwischen der rosa 'May Queen' (links) und der Rose 'Frau Eva Schubert' (rechts) am Durchgang und dem weißen Rosengebirge im Hintergrund aus 'Madame Plantier' und 'Lykkefund' variiert das Hauptthema „Symmetrie und Fülle". Der besondere Zauber dieses Gartens entsteht durch die sich immer weiter und immer überraschender öffnenden Räume.

garten verläuft. Zwei Teiche gibt's, beide optisch durch einen Steg verbunden. Mehrere Pergolen und Lauben tragen schwere Lasten aus Ramblerrosen, denen Bäume nicht standgehalten haben. Überraschend öffnet sich in der Querlinie des Grundstücks der lichtdurchwobene Staudengarten in seinen fein abgestimmten Schattierungen in Purpur, Violett, Grau und Rosa. Formal gesetzte Bäume und die vielen im Gelände verteilten Sitzplätze schaffen Ruhe-

Links: Die selbst entworfene Pergola für die Rosen kann die sich mit jedem Jahr steigernde Last von Rankrosen wie 'Albertine', 'Veilchenblau', 'Blush Noisette' und 'Flammentanz' halten. Das Rosenbeet rechts steigert das berauschende Bild noch.
Links unten: Weidenröschen geben den Ton an, blühender Wollziest (*Stachys*), Spornblumen und Schafgarbe setzen ihn verhalten fort. Schön: die unregelmäßig verlegten Steine.
Unten: Das grün-weiße Gartenhaus wurde für Besucher inzwischen zum beliebten Postkartenmotiv. Es verdeckt eine Kompostanlage, die schon vor 40 Jahren hier entstand.

punkte, eine hohe Hecke begrenzt das Gartenende. Inspiriert wurde sie vom Prinzip der holländischen Gartenräume, die Ursula Schnitzke-Spijker jedes Mal, wenn sie mit ihrem Mann dessen Verwandtschaft besuchte, aufs Neue faszinierten. Aus der Kindheit stammen nur wenige Gartenerinnerungen. „Nichts außer Löwenzahn und Gänseblümchen, dazu Kartoffeln und Rüben. Der Großvater war Spengler, er lebte vom Handwerk und von der Landwirtschaft. Was Garten hätte sein können, nutzten die Schweine zum Suhlen. Auch die Hühner liefen draußen. Es gab den Hühnerstall, den großen Nussbaum, den Gemüsegarten meiner Mutter. Als ich mit meinem Garten begann, hatte ich alle Freiheiten. Das Erste, was ich anlegte, war ein kleines Höfchen mit gepflasterter Fläche." Ein kleiner Hof nach eigenem Plan – manchmal tragen wir einen sehr bescheidenen Traum in unser erwachsenes Leben. Ist es nicht immer wieder ein Wunder, welch ein Meisterwerk im Leben einer Gärtnerin daraus werden kann?

Erfahrungen

Dass nichts schöner ist, als durch den Garten zu laufen und immer neue Räume zu betreten, also auf immer neue Kompositionen zu treffen.

Dass Symmetrie und Üppigkeit in meinem Garten den Zauber ausmachen.

Dass man klotzen, nicht kleckern soll – lieber 5 Quadratmeter von *Hosta sieboldiana* 'Elegans' oder *Hosta plantaginea* 'Grandiflora' als eine Handvoll; ebenso Katzenminze *(Nepeta)*, Hortensie *(Hydrangea)*, Sterndolde *(Astrantia)* und Christrose *(Helleborus)*.

Dass die Besucher die interessantesten sind, die den Garten als Gesamtkomposition begreifen und nicht mit gesenktem Blick nur von Staude zu Staude schreiten mit dem Ausruf „Hab ich auch, hab ich auch!"

Dass ich meinen Garten am meisten liebe, wenn er im Frühling so zauberhaft wiederaufersteht; am liebsten würde ich ihn einmal nicht erst im Juni, sondern schon im Mai zur Offenen Gartenpforte öffnen, dann blühen die Tulpen, die Strauchpäonien, *Allium* schwebt über allem und das Laub ist noch so grün, alles ist licht …

Lieblingspflanzen

Fast alle Stauden, besonders gern Sterndolde *(Astrantia major)*, Silberkerze *(Cimicifuga)*. Chinaschilf *(Miscanthus-Arten)*, Pfingstrosen *(Paeonia)*. Und natürlich Rosen; v.a. 'New Dawn', 'Albertine', 'Blush Noisette', 'Eva Schubert', 'Veilchenblau', die Bourbon-Rose 'Mme. Isaac Pereire' zusammen mit der *Clematis* 'Nelly Moser'. Und die weißen Rambler 'Bobbie James' und 'Lykkefund', die rote Kordes-Kletterrose 'Flammentanz', die ist schon mit mir von Frankfurt in meinen Geburtsort umgezogen.

Außer Gemüse gibt es auch Obststräucher wie weiße und rote Johannisbeeren. Der Türkenmohn blüht kurz aber heftig. Die purpurne Sommer-Spiräe und die Fuchsie ergänzen einander bis zum Frost. Hohe Marien-Glockenblumen sind den Rosen galante Partner. Besondere Blickfänge ergeben sich aus Kunstausstellungen und Details wie den malerisch angeordneten Gartengeräten.

EIN ALTER GARTEN, GEHÜTET ALS ZEITZEUGE

Uschi Dämmrich Freifrau von Luttitz

FERNSEH-MODERATORIN, JOURNALISTIN,
DIPLOM-PSYCHOLOGIN, GUTSHERRIN,
SCHIRMHERRIN SOZIALER PROJEKTE.
GARTEN IN WEYARN, OBERBAYERN

Vorherige Seite: Ein alter Garten braucht einen großen Atem. Die wiedergekehrten Margeriten werden nicht niedergemäht, kein alter Baum soll fallen, der Blick wird bis zur schnell fließenden Mangfall gelenkt wie in einem klassischen Landschaftsgarten (Foto rechts).
Unten: Die Sachlichkeit des Innenhofes wurde durch Hortensienbeete und lose hingestreute Buchskugeln gemildert. Die Rosen am Gemäuer bringen Anmut ins Bild.

Nachts hört sie die Mangfall rauschen. Bis hinauf zum Haus weht die Frische des Flusses sie an. Oft ist sie bei Tagesanbruch schon unterwegs auf ihrem Morgenbegrüßungsspaziergang – vom Haus durch den Innenhof des Gutshauses, in den Rosengarten mit seinen Putten, unter den mächtigen alten Parkbäumen entlang bis zur Margeritenwiese und von dort ans Ufer der Mangfall, wo das Wasser in kleinen gekräuselten Wellen über die Kiesel springt. Eine Morgenrotlandschaft. Bei Nebel ein verwunschenes Gespinst in Grau, Weißgrau, Fliedergrau, manchmal durchzogen von feinen Linien wie Tintenschwaden. Diese Stimmung liebt sie, wie sie den November liebt. Im Hintergrund des Geländes hört sie die Enten und Gänse schnattern, die im Betrieb ihres Mannes aufgezogen werden. Ein friedvoller Dauerton ist das, der hin und wieder unvermutet abbricht; dann ist es so still, dass sie die Blätter zu Boden segeln hört. „Den Mai liebt jeder; ich liebe die aufsteigenden Nebel und die Pracht des Verblühens", sagt Uschi Dämmrich von Luttitz. „Der Mai hat in seiner Fülle fast etwas Banales. Alles ist laut und herrlich, ein permanentes Getümmel wie auf roten Teppichen. Ich mag den Weichzeichner eines Novembertags."
Ihr Garten umschließt das ganze Haus, fällt an einer Stelle leicht ab, scheint sich unbegrenzt in der Flusslandschaft zu verlieren, wo mehrere alte Baumriesen, Tannen, Weiden und eine Trauerbuche den Blick führen. „Ich bin begeistert von englischen Landschaften, in denen statt der bei uns üblichen Zäune ein tiefer Graben gezogen wird – der Ha-Ha, der die Grundstücksgrenze markiert, – sodass Tiere sie nicht überschreiten können und scheinbar total frei im Gelände stehen. Wenn im Herbst alle Blätter von den Bäumen sind, sehe ich am andern Ufer der Mangfall auch unser Geflügel herumlaufen – ein Anblick, der etwas Märchenhaftes hat, als wären sie auf ihrem Flug gen Süden in die Wiesen eingefallen." Diese Spur von Wildheit zieht sich weit über das Ende des Gartens am Flusslauf entlang. Auch Wildenten und ein Eisvogel leben hier. Im Frühjahr sind die Parkwiesen überflutet von blasslila Wiesenschaumkraut. Wenn die Margeriten aufblühen, die eines Tages einwanderten, wird um sie herumgemäht. „Diese Mischung möchte ich beibehalten: Gegebene Natur mit gezielten, natürlich belassenen Elementen."
Direkt am Haus ist der Rosengarten eh ein Refugium für sich. Zwei steinerne Wasserbecken mit Putten bringen herrschaftliches Flair in den Garten. Wein berankt das Wohnhaus, romantische Eisenmöbel und üppig bepflanzte Urnen sorgen für die heitere Stimmung eines Sommertags. Die hohen Thujenhecken duften in der Sonne und schirmen

die private Welt ab vom weitläufigen Hofgetriebe, wo sich Gutshaus, Verwalterhaus, Hofladen und – praktischerweise bei Hunderten von Gänsen – ein Bettengeschäft aufreihen. Der Innenhof mit den Goethe-Versen an der Wand hat just ein neues Gesicht bekommen mit einer Wagenladung Hortensiensträuchern und einem prächtigen Zierapfelbaum (*Malus* 'Evereste'). „Dessen Mischung aus zierlichem Wuchs und winterschönen Früchten bewundere ich. Und Hortensien liebe ich sowieso. Ich habe die Pflanzen extra aus Norddeutschland kommen lassen und ihnen richtig entgegengefiebert. Als sie ankamen, habe ich den Sträuchern zur Begrüßung einen Stein ins Pflanzloch geworfen."

Die Liebe zum Garten stammt aus der Kindheit. „Das haben mir meine Großeltern mitgegeben. Bei ihnen im Vogtland war ich oft. Mein Großvater hat in zwei Reihen rote und schwarze Johannisbeeren und Stachelbeeren gepflanzt. Einen herrlichen Birnbaum, überhaupt viele Obstbäume gab es da und Erdbeeren, Himbeeren ohne Ende und zu meiner Freude auch eine Ziege. Mehr noch hat mich meine Großtante geprägt, bei der ich aufgewachsen bin. Ich habe es geliebt, mit ihr unter dem Mirabellenbaum zu sitzen. Wenn die Früchte so vom Baum heruntergeschossen und wenn sie dann später im Einweckglas in den Keller kamen, da war ich glücklich. Ich fahre immer wieder mal vorbei an ihrem ehemaligen Haus und schaue, ob die Bäume noch stehen. Zwei Zwetschgenbäume, die Mirabellen, der Flieder, der so herrlich geduftet hat – zu gern würde ich mal dort klingeln

»*Ich liebe die aufsteigenden Nebel und die Pracht des Verblühens*«

Oben links: Steinerne Hunde bewachen den Eingang. Die Pokale an den Treppenaufgängen werden in jeder Saison neu mit Sommerblumen bepflanzt. Buchshecken betonen die gepflegte Atmosphäre.
Oben rechts: Zwei Wasserbecken reihen sich aneinander, beträumt von Putten, geschmückt mit Edelrosen. Als Kulisse und Windschutz dient eine Thujenhecke, vor der sich weitere Rosenbeete hinziehen.
Unten links: Der Sitzplatz vorm weinberankten Haus lädt zum Lesen und Frühstücken ein. Dieser Platz ist bewusst intim gestaltet – hinter der Hecke beginnt der Gutsbetrieb. Manchmal trägt der Wind das Geschnatter der freilaufenden Enten herüber.

und forschen, ob es meinen Mirabellengarten hinterm Haus noch gibt."

Auf ihrem eigenen Grundstück hat sie einmal probiert, den Naschgarten ihres Großvaters nachzupflanzen, aber es ist ihr nicht geglückt. Die Wühlmäuse haben sofort die Wurzeln durchpflügt und gefressen. Das hat sie so geschmerzt, dass sie weitere Versuche aufgab. „Aber man muss Verlust und Abschiede einrechnen, jeder Garten hat schließlich sein Eigenleben", meint sie, „er ist eine Persönlichkeit. Und er ist pure Philosophie." Wie vielschichtig die Atmosphäre eines Gartens sein kann und wie er die Ambitionen seiner Besitzer widerspiegelt, hat Uschi Dämmrich von Luttitz bei ihren zahlreichen Fernsehberichten über Gärten in Süddeutschland erfahren. Prächtige Schlossgärten waren darunter, liebevoll gehütete, Gärten wie Ausstellungen mit großen Gesten und Schauplätze der Intimität, Prestigeobjekte oder Orte zum Lauschen und Denken. „Für mich ist mein Garten ein Zeitzeuge", sagt die TV-Moderatorin, „für seinen alten Baumbestand spüre ich Verantwortung. Er gehört mir nicht, der Garten, und er wird meinem Sohn und meiner Tochter nicht gehören – es ist ein Stück Land, das mich gesucht hat, es weiterzuentwickeln, zu pflegen und zu prägen – für einen bestimmten Zeitraum!

Erfahrungen

Dass Margeriten sich die Wiesen zurückerobern, wenn man sie lässt und nicht gleich den Rasen runtermäht; ich lasse kreisrunde Gräserflächen für sie stehen.

Dass alte Bäume große Ruhe verbreiten; wer den Platz hat, sollte ihnen Raum lassen.

Dass man immer wieder mal den Blickwinkel in seinem Garten ändern sollte – man entdeckt völlig neue Bilder und Lösungen.

Dass man die verschiedenen Perspektiven seines Gartens im Auge behalten muss – der Blick muss geführt werden und an einem interessanten Endpunkt landen.

Dass sich das wahre Gesicht eines Gartens im Winter zeigt.

Dass der Garten ein Ruhepol ist. Und Kontemplation, Erfrischung, alles. Wenn mich was stresst, finde ich Ausgleich im Garten und generell in der Natur.

Dass du eines Tages entdeckst, dass die Moden und Haute Couture plötzlich unwichtiger geworden sind als die neuen Pflanzen im Gartencenter.

Lieblingspflanzen

Hortensien *(Hydrangea)*, meine Rosen, die Buche *(Fagus sylvatica)* – das ist für mich ein Traumbaum. Außerdem Zierapfelbäume *(Malus)*, Kegel-Eibe *(Taxus × media* 'Hillii'). Buchs *(Buxus)*, Margeriten *(Leucanthemum vulgare)*, Gänseblümchen *(Bellis perennis)*.

Die Verbindung zwischen Gutsgelände und Park verlangt nach viel Naturbelassenheit – und nach pointierter Eleganz. Die Pflanzschalen werden im Sommer mit Fleißigen Lieschen und Euphorbien 'Diamond Frost' bepflanzt, die auch den Namen „Zauberschnee" tragen. Im Frühling sind Stiefmütterchen dran. Der Name der alten roten Rose ging verloren, die Päonie am Weg begrüßt den Gast, die eiserne Tischrunde lockt hinunter zum Fluss.

Claudia Wolf

———— ∞∞∞ ————

ROSENHÄNDLERIN UND REFERENTIN FÜR GAR-
TENFACHVORTRÄGE, HOBBYSCHWEISSERIN.
GARTEN IN REGEN IM BAYERISCHEN WALD

Vorherige Seite: Rosen ragen mal mit anmutiger Gebärde, mal eher ungestüm in den Weg, und hinter jedem Strauch scheint sich eine neue Welt zu öffnen. Claudia Wolf hat ihren wilden Garten gekonnt in ein Mysterienreich verwandelt. Ihre Rosenbögen und -gitter schmiedet sie selber, wie ihr Porträtfoto zeigt.

Das Licht in ihrem Garten hat etwas Magisches. Spielt so heiter vor deinen Füßen und lockt so zwielichtig in den Hintergrund. Du weißt nicht, ob der Weg zu einer Apfelbaumwiese führt oder ins Verderben. In großen Flecken liegt das Licht im Farn und zwischen den aufgeschossenen Bäumen. Es rieselt durch Rosenranken, bis sie glühen, setzt den Holzstoß in Scheinwerferlicht und fängt sich in den Rispen des Geißbarts, als würde es daraus nie mehr entschwinden. Der ganze Garten ist voller Ungestüm: Rosen wachsen in wilden Gruppen wie zufällig dorthin gewandert. Markieren Durchgänge, begrenzen Pfade, werden zum Lichtfänger, wo Claudia Wolf eine Insel aus der blutroten *Rosa-Rugosa*-Hybride 'Hansaland' in einen Buchsrahmen setzte. Man muss das Wasser rauschen hören, das am Ende des Grundstücks zusammenfließt, um die ganze Wildheit dieses Gartens zu erfassen. Zwei ineinander strömende Bäche, so springfrisch, wie sie aus dem Bayerischen Wald nicht wegzudenken sind – das bedeutet, der Garten geht bei Hochwasser regelmäßig unter. „2008, beim Sturm *Emma*, war der Garten ein reißender Fluss. Ich musste die Rosen aus dem Schlamm hervorsuchen", sagt Claudia Wolf. „Ist wie alles in der Natur: Kein Schaden ohne Nutzen. Ist jedes Mal eine kostenlose Düngung."

Als sie an dieser Stelle das erste Grundstück übernahm, war es eine Brennnessel- und Springkrautlandschaft. Der Alterssitz der Großeltern befand sich hier, war später das Ferienhaus der Mutter, umgeben von einer Handvoll Holunderbüschen vor Zufallsgesträuch am Bach. Nach mehreren Jahren in Hamburg, wo ihr Mann an der Technischen Universität promovierte, wollte Claudia Wolf unbedingt hier wohnen, unweit der Stadt Zwiesel, wo sie aufgewachsen ist. Nachbarn gibt es hier nicht, nur 100 Meter vom Garten entfernt liegt ein Holz- und Mühlenbetrieb. „Ich wollte mich mit dem Garten an der Landschaft orientieren – Idylle, ruppig und unverfälscht." Das immerhin ist ein Kunststück, wenn man an diesem Ort mit historischen Rosensorten beginnt. Inzwischen kommen Besucher von weither, um zu sehen, wie sie das machte.

Links: Rosen wie 'Agra', 'Griseldis' oder R. Alba 'Maxima' können so sanft ihre Köpfe neigen wie Päonien. Sehr schön mit Katzenminze und Storchschnabel.
Mitte: Je uriger, desto schöner, manchmal gezügelt durch eine kleine Manschette aus Farnen und Efeu am Fuß des Baums. Hinten ahnt man den Bach, der bei Tauwetter anschwillt.
Rechts: Nachtviolen und Storchschnabel suchen den Weg zum Licht und umspielen die Rose 'Louise Odier'. Bergenien und die Irisstauden links verdrängten die Brennnesseln.

„Gepflegte Wildheit", sagen manche etwas gestelzt, weil sie fühlen, das dahinter noch ein besseres Wort zu finden wäre – eins, das einen Seelenzustand beschreiben würde. Oder das Ungebärdete der Natur.

Als Kind kannte Claudia Wolf den Ziergarten der Mutter mit Steingarten, Obstbaum, Fliederbusch mitten in der Stadt und sauberen kleinen Beeten, auf denen sie Tränendes Herz und Bartnelken zog. „Jede freie Minute verbrachte meine Mutter da. Als Teenager wollte ich mich davon absetzen und entdeckte meine Liebe zu Zimmerpflanzen. Mein Zimmer war das reinste Gewächshaus." So blieb es in allen Wohnungen, die sie bezog, aber als sie 1995 in den Bayerischen Wald zurückkehrte, begann das Gartenfieber. Erst nur im Terrassenbereich, dann in immer größeren Kreisen. „Das war, als hätte der Garten in mir geschlafen, und nun holte ich ihn ans Licht." Längst ist sie ein Profi für Alte Rosen geworden, verkauft ihre Lieblingssorten im eigenen Pflanzenmarkt. Anfangs hat sie viel

»Das war, als hätte der Garten in mir geschlafen, und nun holte ich ihn ans Licht«

Oben: An den Durchgängen sind außer der kanadischen Rose 'Frontenac' auch Rugosa Hybriden wie 'Agra' und 'F.J. Grootendorst' versammelt. Im Hintergrund wächst die rote R. Moyesii 'Geranium', die einen schönen Wildcharakter hat.
Unten: Besonders faszinierend ist der Einfall des Lichts in diesem Garten. Wo die überbrachte Wildnis nicht mehr ausreicht, lässt Claudia Wolf Schösslinge wachsen oder bindet Rambler über ihre selbstgeschmiedeten Bögen.

Lehrgeld bezahlen müssen – die Mittelgebirgslage im Bayerischen Wald ist ein hartes Klima, am Talrand bilden sich Kältezonen; Rekord waren einmal minus 32 Grad. Da frieren sich Rambler wie 'Paul's Himalayan Musk' bis in die Wurzeln tot. „Ich hab's alles rausreißen müssen. Gelassenheit lernt man, auch wenn es herzzerreißend ist, wenn im Winter wieder alles unter Wasser steht." Gott sei Dank hat sie einen Mann, der sagte „Mach mal – ich unterstütze das" und mit ihr Gartenreisen nach Frankreich und England unternimmt. „Ich glaube, ich habe ein bisschen Begeisterung in ihm geweckt", findet sie. Was sie selber immer von Neuem umhaut, ist das Gefühl, auf 2000 Quadratmetern einen Kosmos geschaffen zu haben, in dem sich Eidechsen mit Päonien vertragen. „Wenn ich ganz unten durch meine kleine Wildnis laufe, wo die Gebirgsbäche zusammenfließen, wenn das Wasser rauscht und die Vögel zwitschern – das ist ein unheimliches Glücksgefühl. Ich denke dann: Ja, das hast du geschaffen. Aber wie es sich gestaltet, ist nicht mein Verdienst. Es ist ein Geschenk der Natur."

Erfahrungen

Dass Mittelgebirgslagen für die meisten Clematissorten und manche Ramblerrosen zu kalt sind.

Dass Dauerregen keiner Rose behagt – aber meine historischen Sorten kommen deutlich besser mit weniger Licht, Sonne und Wärme aus als gewöhnliche Beetrosen.

Dass man das Schneiden der Rosenblüte ruhig ernst nehmen sollte. Früher fand ich, das Vergehen müsste man auch sehen. Heute lasse ich nur die Blüten der Rosen dran, die Hagebutten ausbilden.

Dass mein Garten die Gäste aus München, Deggendorf oder Plattling begeistert, aber sie in ihren Wohnsiedlungen etwas Ähnliches gar nicht realisieren können. Immerhin wechseln viele nach einem Besuch ihre Koniferen gegen Alte Rosen aus.

Dass ich den Satz: „Aber so was macht so viel Arbeit …" nicht mehr hören mag. Ich sage dann immer: „Andere laufen sonntags Marathon oder gehen Bergwandern – und ich gehe halt im Garten meinem Hobby frönen."

Lieblingspflanzen

Alte bzw. Historische Rosen.
Blattschmuckstauden, z.B. Farne, Funkien *(Hosta)*.
Geißbart *(Aruncus dioicus)*, Eibenkugeln *(Taxus baccata)*.
Bauerngartenblumen wie Flammenblume *(Phlox)*,
Pfingstrosen *(Paeonia)*, Taglilien *(Hemerocallis*-Hybriden*)*,
Storchschnabel *(Geranium)*, Katzenminze *(Nepeta)*.

Päonien liebt sie vor allem, besonders die einfach gefüllten Sorten, die auch bei heftigen Niederschlägen ihre Standfestigkeit bewahren. Iris setzt sie gern mitten im Waldgelände aus. Nelken säumen die Beete am Haus. Rosen ('Hansa', 'Hansaland' und 'Leda') erhalten Clematis als Nachbarn, wenn die besonders schön wild verblühen.

Rendel Barton

—⁂—

SOZIALPÄDAGOGIN, GARTEN-AUTODIDAKTIN.
GARTEN IN LIPPSTADT-BENNINGHAUSEN,
NORDRHEIN-WESTFALEN

DIE FARBE LILA

Vorherige Seite: Die Farbe Lila tanzt durch den Garten, ohne aufdringlich zu werden. Am Sitzplatz am Teich zaubern Allium 'Globemaster', Knöterich und Nachtviolen eine geheimnisvolle Stimmung, unterstützt von Stiefmütterchen und dem Blau der Bank.
Rechts oben: Schlichte Eleganz – der gepflasterte Kreis verlockt zu langen Gesprächen.
Rechts unten: Sauber von Buchs gerahmt wachsen hier Kräuter wie Salbei, Beifuß, Liebstöckel, Estragon und rotes Basilikum.

Die Farbe Lila des Zierlauchs *(Allium)* 'Globemaster' hat es ihr angetan. Diese Stimmung aus Stolz und Geheimnis wollte sie unbedingt im Garten haben. Nun schwebt sie in sanften Tönen über den Rosenwolken und noch verführerischer mit Akelei, Nachtviolen und Wiesenknöterich über den Beeten auf dem Weg zur blauen Bank. Lila, die Farbe der Besinnung und der Außergewöhnlichkeit.

Als Rendel Barton und ihr Mann 1978 in dem ostwestfälischen Dorf Benninghausen ihr Haus zu bauen begannen, lag da nur ein Stück Acker vor der Tür. Der übliche Start: Konzentration auf den Beruf, viel Arbeit, wenig Geld, aber Erinnerungen an die Gärten der Kindheit. Rendel Bartons Mann ist Brite; da ist Gartenleben angeboren. Sie selbst wuchs in Coesfeld, nahe Münster, in einem Garten voller Abenteuer auf. Hohe Bäume gab es da, Obstwiesen, auch einen üppigen Gemüsegarten mit vielen Blumen und einen Bachlauf, auf dem die Kinder in Waschbütten schipperten. „Man fiel ins Wasser, holte einander wieder raus. Wir konnten den ganzen Tag draußen verbringen, haben Hüttchen gebaut und von den Obstbäumen genascht …" Rendel Bartons Mutter war eine Pflanzenkennerin, die an floristischen Rasterkarten für Wildpflanzen mitarbeitete und ihre Tochter zu Expeditionen mitnahm. „Als kleines Kind kannte ich alle Namen. Einmal haben wir eine Schachbrettblumenwiese gefunden – eine riesige Wiese ganz in Purpurrot. Ich war acht oder neun Jahre alt und tief beeindruckt."

Eine ganz andere Expedition zündete ihre Gartenlust an: „Ungefähr 1990 hatte ich von einem Garten in Dortmund gelesen. Den wollte ich sehen. Erst schien es mir verrückt, eine Stunde lang zu fahren, nur um einen Garten anzugucken. Aber als wir ankamen, waren wir überwältigt: Hecken, alte eiserne Zäune, ein Pavillon, verschiedene Ebe-

Rechts: Eins von vielen Gartenzimmern beherbergt hinterm antiken Zaun den Rosengarten.
Ganz rechts: Das Gleichmaß des Buchs-Parterres bietet Raum, in seiner Harmonie die Gedanken fließen zu lassen.

»Der Garten belohnt einen mit so vielem«

nen in einheitlicher Farbgebung, ein Rosengarten und so viele Pflanzen, die wir nicht kannten!" Ihr Mann war es, der sagte: „So einen Garten müsste man haben …" Das Abenteuer begann. Rendel Barton las, was sie finden konnte. Als Erstes entstand der Teich – mit Spitzhacke und etwas zu viel Überschwang für Binsen, wilde Seerosen und einen Saum aus rosa Kuckuckslichtnelken (*Lychnis*

Eine Pracht, die betört: Rosen, so weit das Auge reicht; darunter die sehr frühe, inzwischen nicht mehr erhältliche 'Claire Rose' von Austin und ungestüme Rosen wie 'Roseraie de l'Hay' oder 'Mozart'. Viele von ihnen umwunden mit farblich passender Clematis. Ruhe schaffen die Buchssklpturen vor der geraden Wand der Eibenhecke.

flos-cuculi). Bald musste vieles wieder ausgegraben werden, um das Wuchern zu beenden. Aber mit dem Aushub wurde die abschüssige Stelle an der Terrasse angeschüttet, ein Rosengarten entstand, ein blaugrüner Schattenbereich, ein Kräutergarten, dazu Hecken, die wie schöne Skulpturen den Blick auf sich ziehen. Manche Pläne brauchten ihre Zeit, um zu reifen. „Einmal haben wir bei heißestem Wetter eine Pergola gebaut. Die Löcher in den steinharten Boden zu graben, war fürchterlich, und dann sah abends alles nur hässlich aus. Am nächsten Morgen war es immer noch hässlich – da haben wir alles wieder aus dem Boden gerissen." Glücklicher verlief die Geschichte mit den Steinen, die Rendel Barton mit beherztem Zugriff organisierte: „Ich sah, wie die Asphaltdecke unserer Dorfstraße aufgerissen wurde, und darunter wühlte der Bagger lauter Katzenkopfsteine auf. Die sollten auf der Steinmülldeponie landen, und ich habe den Bauführer angefleht, sie mir zu überlassen. Ich bin dann zwei Tage wie wild vor der Baggerschaufel herum gesprungen und hab die Steine auf den Fußweg gewuchtet. Die Arbeiter hat's sehr amüsiert. Mein Mann hat abends die Steine auf den Hänger geladen, und wir haben zwei Jahre lang geplant und geschuftet, bis alle ihren Platz im Garten fanden." Schön geerdet sieht das aus – mit Wegen am Teich und an den Beeten entlang, mit Rasenmähkanten und einem rund gepflasterten Essplatz mit weißen Stühlen. „Wir sagen immer, wir kennen jeden Stein persönlich." Überhaupt ist da ein sehr intimer Garten entstanden. Wild und ungebärdig am Teich, wo sich die Kuckuckslichtnelke wieder aussäte und das Hechtkraut nun mit den Seerosen wetteifert; kraftvoll überbordend da, wo sich Rosen schwelgerisch erhe-

Links: Verspielte kleine Ensembles schenken dem Garten eine Extraprise Charme, wie dieser Putto auf dem Gestell einer alten Nähmaschine. Unten: Der Teich sorgt ebenfalls für Romantik – die überbordende Umpflanzung, u.a. mit Knöterich, Hechtkraut und Farnen vermittelt eine Märchenstimmung. Im Frühjahr ist er umrahmt von Lichtnelken, im Sommer blühen unzählige Seerosen.

ben. Ein kühlerer Garten entstand – weiß bepflanzt und von strengen Buchbaumhecken gesäumt, dazu ein kunstvolles Buchsparterre. Das Geheimnisvolle des Blauen Gartens entwickelt sich Jahr für Jahr immer mehr, wie Rendel Barton es sich erträumte. Aufgereiht stehen die Gießkannen im Schatten und verraten zusammen mit der Pottery fürs Umtopfen die Liebhaber englischer Gartenkultur. Auch die Lust, Gäste in den Garten zu laden, ist unverkennbar. „Wir haben bei Tagen der Offenen Gartentür unglaublich nette Menschen kennengelernt. Seelenverwandtschaften, auf die wir sonst kaum getroffen wären. Ich habe auch einen privaten Kreis von 15 Frauen, die sich oft treffen, freundschaftlich beraten, Gartenbücher tauschen, miteinander Gartenreisen machen. Das Leben wird unglaublich reich dadurch." Schönste Momente sind für sie, nach getaner Arbeit mit ihrem Mann auf der Terrasse zu sitzen und noch im Dunkeln den weißen Garten leuchten zu sehen. „Im Dorf gilt man als leicht verrückt, dass man sich so viel Arbeit antut, aber der Garten belohnt einen mit so vielem. Abends kommen die Igel und schnaufen herum; einen sahen wir ganz fix mitten durch den Teich paddeln, ein anderer schnarcht immer ganz laut unter dem *Cotoneaster* an der Terrasse. Und so viele Rotkehlchen haben wir; die singen auch im Winter. Das erste kam, als ich den Garten anlegte. Es setzte sich auf den Spatenstiel, als ich eine Pause machte. Wir haben den Garten deshalb „Robin's Garden" genannt. So heißt er bis heute und gibt uns das Gefühl, unseren Ort auf Erden gefunden zu haben."

Erfahrungen

Dass unser lehmiger, fruchtbarer Boden ein besonderes Geschenk ist; wir mussten wenig für ihn tun.

Dass man viele fremde Gärten als Anregung besuchen sollte; wenn dein Garten aber dein Ort werden soll, musst du alles Weitere aus dir selber schöpfen.

Dass es aber gut ist, sich Zeit zu lassen – Eifer bringt Fehler; man weiß anfangs weniger als man dachte.

Dass man einfallsreich bleiben muss: Als ein paar brüchige Obstbäume gefällt werden mussten, verbrannten die schattengewöhnten *Hosta* in der Sonne. Seitdem stelle ich dort den ganzen Sommer über einen Sonnenschirm auf.

Dass sich aber gegen den Buchsbaumpilz *Cylindrocladium buxicola* nichts machen lässt; selbst Englands Gartenguru Roy Strong hat viele Buchse verloren. Bei uns schlug die mildere Form *Volutella buxi* zu, und ich habe tränenden Auges zusehen müssen, wie auch bei mir ein Teil der Buchse unansehnlich wurde und gerodet werden musste.

Dass die Sprüche stimmen: „Wenn du mich ganz kennenlernen willst, musst du meinen Garten kennen, denn mein Garten ist mein Herz." Oder auch: „Zuerst hatte ich einen Garten, und dann hatte der Garten mich …"

Dass ein Garten ein wirklicher Zufluchtsort ist, ein Refugium. Manchmal mache ich ganz bewusst die Gartentür zu, um einfach nur mit allen Sinnen zu fühlen, wie er lebt. Und wie friedvoll und ruhig die Welt sein kann. Und ich auch.

Lieblingspflanzen

Alle Frühjahrsblüher – wie Schneeglöckchen *(Galanthus nivalis)* und Lenzrose *(Helleborus orientalis)*, alle blaublütigen Blumen wie Iris *(Iris)* und Glockenblumen *(Campanula)* und nicht zuletzt Rosen. Meine 'Claire Rose' von Austin, die gibt's schon gar nicht mehr zu kaufen. Und die Schachbrettblume *(Fritillaria meleagris)* sät sich inzwischen selbst am Teich aus.

Außer der Lieblingsrose sind an die 100 Rosensorten zu finden; auch die Bourbon-Rose 'Mme. Isaac Pereire' mit ihren riesigen vielfach gefälteten Blüten. Besonders geliebt: *Iris sibirica*, der Glöckchenlauch *(Nectaroscordum siculum)*, *Allium* 'Globmaster' und außergewöhnliche Fuchsien.

Ann-Katrin Bauknecht

GENERALKONSULIN VON NEPAL,
FÖRDERIN VIELER SOZIALER PROJEKTE,
GELERNTE DOLMETSCHERIN

(EIN HAUCH) EXOTIK AM LUGANER SEE

Vorherige Seite: Den schönsten Blick auf den Luganer See gibt's ganz oben am Steilhang, der in sieben Ebenen zur Terrasse führt. Dort stehen auch Ann-Katrin Bauknechts Tempellöwen, die an ihre Wirkungsstätte Nepal erinnern.
Rechts: Palmen sorgen für Schatten. Die quer aufgebundene Glyzinie rahmt die Kulisse. Die abschüssigen Wege sind mit Tessiner Granit ausgelegt.
Unten: Pittoresk und sonnig – das Leben hoch am Hang.

Wenn sie eintrifft, muss sie immer erst auf die Terrasse treten und auf den Luganer See schauen. Tief einatmen. Ankommen. Eintauchen in dies besondere Tessiner Licht, in die Luft, die nach Wald schmeckt und nach der Frische des Sees. Dann folgt das Herzklopfen, das sie bei jedem Wiedersehen mit ihrem Garten erfasst. Ihre geliebten Hortensien sind da, ihre Terrakotta-Löwen und -Elefanten, die Zypressen, Agaven. So hat sie ihren Garten gewollt: Klare Linienführung. Gebändigte Wildnis am Hang. Dazu das dosierte Maß an Exotik, das ihre Beziehung zu Südasien anspricht. Ann-Katrin Bauknecht ist Honorar-Generalkonsulin von Nepal, wo sie karitative Einrichtungen betreut. Ihr Herz, sagt sie, sei an mehrere Projekte gebunden, die sie nie mehr aus dem Blick verlieren möchte. Das Projekt Garten aber sei eine besondere Passion geworden. „Ich denke einfach gern an meinen Garten. Puzzle herum mit meinen Plänen. Das trage ich auf meinen Reisen im Kopf herum, und wenn ich zurückkehre, bin ich glücklich, wie nach acht Jahren Arbeit nun alles langsam vollkommener wird." Der Garten als Sehnsuchtsziel. Um die selbst erschaffene Inspirationsquelle geht es ihr. Um den Zufluchtsraum, einmal wegzutauchen aus dem Alltag. Und um die private Bühne, auf der sie etwas gestalten konnte, das erheblicher Kreativität bedurfte.
Einfach ist es wahrlich nicht, einen Steilhang zum Garten zu machen. Fünf Stockwerke umfasst das Haus. Sieben Ebenen hat der Hang. Lauter Terrassen, die sanft im Zickzack nach unten führen, damit es bei Regensturzbächen keinen Erdrutsch gibt. Hin und wieder muss man einen Felsen umgehen; manche Diagonale führt ins Nirgendwo. Generationen früher war der gesamte Hang terrassiert, wahrscheinlich als Weinberg. Heute haben sich im unteren Bereich Bäume angesiedelt, die werden in der Schweiz gehütet wie ein Augapfel, sobald sie als Wald eingestuft werden. Die Steilflächen am Südhang sind mit blaublühendem Immergrün *(Vinca minor)* bedeckt, großzügig durchsetzt mit weißen, blauen und roten Hortensien sowie Rhododendren. „Natürlich haben wir große Probleme durch den extremen Sonneneinfall. Aber *Cotoneaster* sollte es denn auch nicht sein. Ich habe viel experimentiert mit einem ganzen Feld Freilandrosen. Alle möglichen Beregnungen wurden ausprobiert. Sommerblumen würden an der Südseite sofort verbrennen." Dafür stehen die Zypressen, Palmen und Agaven gut, und im März springt der Ginster und bald danach der Blauregen auf, und rund um den See blühen Jasmin und Magnolien.

Irgendwann hat sich Ann-Katrin Bauknecht davon gelöst, von den Glockenblumen und Dahlien im Garten ihrer Kindheit zu träumen. Auf einem traditionsreichen Hof in Ost-Westfalen ist sie aufgewachsen; in einer herrlich weitläufigen Landschaft, in der trotz einer Reihe großer und kleiner Kriege und Verwüstung Eigenständigkeit und Tradition bewahrt und gelebt wurden. „Ich bin mit aller Tradition und Geschichte groß geworden. Wir hatten einen wunderschönen Garten mit alten Bäumen, der in eine Landschaft mit Obstwiesen, kleinen Wäldchen und einem Teich überging. Jeden Tag bin ich losgezogen, streifte durch Wiesen und Gebüsch und saß an ‚meinem' Bach, unterhielt mich mit seinem Gemurmel. Da gab es Wiesenschaumkraut, Veilchen, Anemonen und Maiglöckchen. Im Winter gab es Hausschlachtungen, und wir fuhren mit dem Pferdeschlitten in die Kirche. Das sind Prägungen, die man nie verliert."

Viele Jahre gab es keine Gärten in ihrem Leben, weil die Familie mit dem Vater erst nach Ame-

Eine Spur Wildheit am Hang – mit Hortensien in einem Immergrün-Teppich. Die Zypressen wirken wie edle Wächter vorm Haus.

rika umzog, wo Ann-Katrin Bauknecht studierte, und dann in verschiedenen deutschen Städten tätig war. Erst das Anwesen der Familie ihres Mannes in einem der schönsten Dörfer des Tessins wurde zum Ort wiedererwachter Gartenleidenschaft. Immer von Neuem ist sie betört davon, wie durchsichtig grün der See wird, wenn in der Früh das Licht auf ihm spielt, oder wie das Grün rundum sich aufzulösen scheint, wenn Nebel aufsteigt. „Man hat dann das Gefühl, man ist allein auf der Welt." Der Blick auf ihre Terrakotta-Tiere aus dem Himalaja erinnert sie schnell daran, dass da draußen auch ein ganz anderes Leben tobt. In Nepal hat sie vor 20 Jahren damit begonnen, mit einer eigenen gemeinnützigen Organisation Landfrauenprojekte zu gründen, bringt armen Landfrauen in entlegenen Regionen bei, wie auf 2000 Metern Höhe im Himalaja der erosionsgeschädigte Boden zu bewirtschaften ist, und hat dort auch eine Mädchenschule gebaut. „Ich arbeite unter anderem im einstigen Königreich

»Ich denke einfach gern an meinen Garten«

Mustang. Dort gibt es noch wildwachsende Heilkräuter, zum Beispiel verschiedene Sanddornsorten *(Hippophae)*. Die versuchen wir für Heilmittel und Kosmetik zu rekultivieren, damit die Frauen sie ernten und auf dem lokalen Markt in Kathmandu verkaufen können." Außerdem unterstützt sie „Maiti-Nepal", das „Haus der Mutter", eine nepalesische Einrichtung, die gegen die Verschleppung von Mädchen zur Zwangsarbeit und Zwangsprostitution kämpft. „Diese Aktivitäten und andere Ehrenämter wie das im deutschen Kuratorium der World Childhood Foundation der schwedischen Königin, übernehme ich von Herzen gern, weil ich mir bewusst bin, dass ich in einer begnadeten Situation mit einer glücklichen Familie lebe." Der Aura der Tempellöwen, sagt sie, vertraut sie übrigens sehr. „Sie sollen nach nepalesischem Glauben böse Geister fernhalten. Die Menschen in Nepal stellen herrliche Blumenschalen in die offenen Rücken der Terrakottafiguren, weil sie beides wollen: das Beschützende und das Schöne. Wie wir in unseren Gärten – wir suchen auch den schützenden Zaun und finden drinnen das Paradies."

Erfahrungen

Dass steile Wege am besten gesichert werden, wenn man sie konvex gewölbt anlegt: das Wasser läuft dann sachte ab und reißt nicht alles mit.

Dass hier im Tessin besonders schöner Granit zu finden ist; er gehört in die Landschaft.

Dass man im Luganer See, der ja ein richtiger Bergsee ist, wieder baden kann, weil die Schweizer ihn aufwändig gereinigt haben; man kann also für viele Seen noch hoffen.

Dass der Herbst im Tessin immer besonders schön ist. Das Licht ist dann so weich und golden, die Herbstverfärbung der Wälder grandios, die Abende noch lange warm, während der Frühling immer öfter verregnet.

Lieblingspflanzen

Den Ginster *(Cytisus)*, der im Frühling explodiert. Rosen, alle. Hortensien *(Hydrangea)* immer, auch im Verblühen. Glockenblumen *(Campanula)*, Levkojen *(Matthiola incana)* und Margeriten *(Leucanthemum vulgare)*, nur überleben sie unseren Südhang nicht.

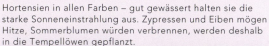

Hortensien in allen Farben – gut gewässert halten sie die starke Sonneneinstrahlung aus. Zypressen und Eiben mögen Hitze, Sommerblumen würden verbrennen, werden deshalb in die Tempellöwen gepflanzt.

Catherine Gräfin Matuschka

—⚜—

SCHLOSSBESITZERIN, GARTEN-AUTODIDAKTIN,
AUSSTELLERIN FÜR KUNST UND GARTEN
OBJEKTE, LEBT IN BELGIEN UND ÖSTERREICH

ROSENTRÄUME IM MARIENSCHLÖSSL

Vorherige Seite: Vor allem Englische und Alte Rosen ziehen sich durch den Garten, wie im Hauptfoto die 'Queen of Sweden' und 'Winchester Cathedral'. Rechts an der Eingangstür zeigt sich, wie romantisch eine altgewordene 'Gruß an Heidelberg' aussieht. Unten: 'Rose de Resht' mag auch klettern. Hier eröffnet sie eine Perspektive, die den Blick durch streng geschnittene Buchenbögen lenkt.

Eine Kiesauffahrt. Ein großer Torbogen. Dann ist man im Innenhof des Marienschlössls. Still ist es da. Eine Ruhe voller Farbrausch, in der man hinsinken möchte. Ockergelb ist das Haus, glutrot prunkt links und rechts an der Eingangstür die Rose 'Gruß an Heidelberg'. Zur Rechten, die Arkaden entlang, ziehen sich die gelb-rosa 'Albertine' und die kleinblütige weiße 'Rambling Rector' hin. In der Mittagsglut glaubt man, sie bewegten sich leise auf und ab, als atmeten sie. Es gab Zeiten, da hörte man hier die Pfauen schreien. Nun rascheln die Spatzen im Efeu und fliegen zum Palavern in den mächtigen Baum in der Mitte des Hofs, einen Eschenblättrigen Ahorn (*Acer negundo*), der schon mehrere Generationen ein und aus fahren sah. Eigentlich müsste man die Hausherrin singen hören, dann wüsste man, hier ist man zu Besuch in einer anderen Zeit.

Hausherrin ist Gräfin Catherine Matuschka, und sie hat das Kunststück vollbracht, Hof und Garten mit ganzen Rosengebirgen zu füllen und trotzdem dem Ort seine klösterliche Ruhe zu lassen. Das gilt selbst für den formalen Rosengarten, der üppig, nahezu wollüstig bepflanzt ist und dennoch in großer Gelassenheit daliegt. An dieser Stelle hat sie Englische Rosen gewählt, deren pudrige Farben einander nicht übertönen, und zusätzlich weiße Päonien gesetzt, die sich über den Rahmen aus Buchshecken schmiegen. Eine Tischrunde in der Mitte dieses Gartens zeigt, welch beruhigende Kraft die Symmetrie hat. An anderer Stelle ist ein purpurner Rosengang aufgebaut, der von der dunklen 'Charles de Mills' und der 'Rose de Resht' beherrscht wird. Kühner ist eine Abfolge von Hainbuchenbögen, denen die Rosen 'New Dawn' und 'Gertrude Jekyll' vorgepflanzt sind. Mehr als 100 vorwiegend alte und englische Rosensorten buhlen um die Gunst der Betrachter. Catherine Matuschka trocknet sie zu Duftpotpourries.

Geboren ist sie in Belgisch-Kongo, aufgewachsen in der überbordenden Fülle einer exotischen Landschaft. „Der Traum, den ich in mir trage, muss von dort stammen", sagt sie. „Ich sehe meine Mutter immer mit Blumen. Es war das ganze Jahr warm. Einmal am Tag hat es geregnet. Es gab Erdbeeren, Mangos, exotische Früchte, alles im Überfluss." 1980 erbte sie das Schlösschen ihrer Familie im österreichischen Weinviertel. „Als ich hier ankam, habe ich das gar nicht so überrissen. Alles im Haus war komplett. Der Garten stand voller Apfel- und Zwetschgenbäume. Es gab auch Quittensträucher, herrliche Gemüsebeete, die meine beiden Großtanten liebevoll und biologisch gepflegt hatten. Was ich im Kopf hatte, war, ein kleines Paradies zu schaffen. Einen Zufluchtsort, wie er auf Marienbildern zu sehen ist." Was lag da näher, als einen Rosenhag zu schaffen? In den 1980er-Jahren waren Historische Rosen noch kaum zu finden in Österreich, also brachte sie von jeder Reise nach Belgien Rosen mit. „Meine drei Kinder protestierten immer, weil das die ganze Fahrt über pikste."
Eine Passion ist daraus geworden, erweitert um die Liebe zu Stauden wie Katzenminze, Fingerhut, Rittersporn und anderen Rosenkavalieren. Vor 15 Jahren hat sie als eine der Ersten begonnen, den Garten für Besucher zu öffnen und Ausstellungen für anspruchsvolle Gartendinge zu machen; insbesondere mit Gärtnern, die spezialisiert sind auf Rosen, *Hosta*, Lavendel. Schön ist die Ruhe danach. „Es tut gut, immer irgendwann die Hände in der Erde zu haben. Man fühlt sich geborgen, kann schöpferisch sein und bekommt alle Genüsse – sinnliche, geistige, spirituelle – vom Garten geboten." Was sie am meisten fasziniert, ist „die unglaubliche Vielfalt der Natur. Und wie sich alles bemüht, zu wachsen und zu werden, obwohl alles immer nur Übergang ist. Wenn meine Kinder das übernehmen, wird hier wieder alles ganz anders ausschauen."

» *Was ich im Kopf hatte, war, ein kleines Paradies zu schaffen* «

Blau als Geheimnisstimmung – beherzt gemixt aus Katzenminze, Lavendel, Rittersporn. Strauchrosen setzen zurückhaltende Akzente, um dem Blau seine Kühle zu nehmen.

Konkurrenz zwischen Rosen und Päonien – in diesem Fall ziehen vor allem die schweren Köpfe der Bauern-Pfingstrosen den Blick auf sich, verstärkt durch das Rund der Buchskugeln.

Erfahrungen

Dass man Rosen wie normale Sträucher behandeln sollte, nicht wie Diven, sondern einfach zurückschneidet, ohne auf die Augen zu achten. Dabei kann man so gut wie nichts falsch machen, wenn die Erde stimmt.

Dass Rosen wie die 'Charles de Mills', die 'Rose de Resht' oder 'Louise Odier' und 'Mme. Isaac Pereire' aber doch ihre eigene Persönlichkeit haben und unterschiedliche Pflege brauchen: beim Winterschutz wie beim Ausputzen.

Dass es den Rosen gut tut, wenn der Boden unter ihnen mit Stauden bedeckt wird; mit Storchschnabel *(Geranium)*, Katzenminze *(Nepeta)*, Frauenmantel *(Alchemilla mollis)*.

Dass es zwar viel Aufwand ist, verblühte Rosen vor allem an Hauswänden zurückzuschneiden, dass es aber sowohl dem Auge wie den Rosen gut bekommt.

Dass Clematis die Schönheit der Rosen noch steigert.

Dass die Katzenminze *Nepeta* × *faassenii* 'Six Hills Giant' unentbehrlich ist.

Dass Weinklima wie bei uns ein Geschenk ist und ebenso, wenn man Großtanten hatte, die ihren Garten biologisch betrieben und eine Balance zwischen Nützlingen und Schädlingen wahrten.

Lieblingspflanzen

Meine Historischen Rosen, besonders die 'Charles de Mills' und die Moosrose 'Nuits de Young'. Aus den Englischen Rosen die 'Golden Celebration'. Alle Zierlauch-Sorten *(Allium)*, Katzenminze *(Nepeta)*, die filigrane Prachtkerze *(Gaura lindheimeri)*, Strukturpflanzen wie Funkien *(Hosta)* oder Silberkerzen *(Cimicifuga)*. Und der über 100 Jahre alte Efeu *(Hedera helix)* am Haus, der aus einem Steckling vom früheren Besitz meiner Urgroßmutter stammt.

Die Rose 'Gruß an Heidelberg' glüht in der Sonne feurig auf. Aus frisch geschnittenen Rosenblüten – wie 'Gertrude Jekyll' rechts – wird ein Duftpotpourri gemacht. Die Päonien dürfen in großer Elegie verblühen. Ganz links: Ockergelb und das Lila von Lavendel bilden ein elegantes Paar.

Ilka Mahro

------ ∞ ------

GARTENPLANERIN, STUDIUM GARTENBAU,
DANN HAUSFRAU/MUTTER,
JETZT GESTALTERIN PRIVATER UND
ÖFFENTLICHER GÄRTEN

Vorherige Seite: Begrüßung mit Rosen. Schon der erste Eindruck in Ilka Mahros Garten sagt: Hier geht es ungekünstelt, naturnah und dennoch mit großer Bedachtsamkeit zu. Rechts: Als Reminiszenz an das alte Haus hat sie den ehemaligen Bauerngarten nachempfunden – und dabei ihre eigenen Entwürfe eines wildhaften, pflegeleichten Gartens eingebracht.

Das Haus war der Ausgangspunkt. Lag da behäbig und heiter und verlangte nach einem Garten, der zwinkern kann. Etwas wie einen burlesken Tanzschritt brauchte er; die Heiterkeit eines ländlichen Morgens. Ilka Mahro ist das gelungen. Immer wieder hat sie sich hineingewiegelt in die schleswig-holsteinische Bauernlandschaft mit ihren weiten winddurchwehten Himmeln und Menschen, die unvermutet schwerblütig sein können. Langsam wuchs ein Bild in ihr, das die Leichtigkeit einer Sommerwiese mit der Sinnenfreude eines Bauerngartens verbindet. Grazile Verbenen tanzen durch ihren Garten, Akeleien, Wiesenraute *(Thalictrum)*, Silberkerzen *(Cimicifuga ramosa* 'Atropurpurea'), Zierlauch und jede Menge Gräser, durchwoben von handfesteren Gestalten wie *Sedum*, Bärenklau *(Acanthus)*, Kugeldisteln *(Echinops)* und dem dunklen Wasserdost *(Eupatorium)*. Im Bauerngarten wirken sogar die akkurat geschnittenen Buchshecken unbeschwert. Die Rosen am Gartentor winken hereinzutreten; Kletterrosen sind sorgsam verteilt, damit sie mit ihrem Farbenrausch nicht die bukolische Stille übertönen – und doch prunkt die Rose 'Super Excelsa' am Rosenbogen so satt und selbstgewiss, dass sie einen verführt, statt der ländlichen Idylle ein Märchenreich zu erwarten. Geradezu übermütig liegen dagegen an anderer Stelle die Rose 'Ballerina' und die aus Tausenden kleiner Blüten bestehende Gischt der Rose 'Little White Pet' in der Sonne.

„Ich liebe bei meinen Pflanzen die filigranen Formen", sagt Ilka Mahro, „alles, was grazil ist, hebt jegliche Schwere auf." Wer sie kennt, weiß, dass diese Leichtigkeit zu ihrem Wesen gehört. „Man muss sich selber nicht zu ernst nehmen und allem, was einen umgibt, die Starre nehmen, wie ich es in meinen Gärten versuche."

»Ein Garten muss auch im Winter schön sein«

Vor neun Jahren hat sie sich selbständig gemacht, plant Gärten, verkauft Gräser und Stauden, die ihr wichtig sind und die sich bewährt haben – und mit denen sich, wie sie sagt, „verschiedene Gartenszenen malen lassen wie mit einem Pinsel, feinsinnig, voller Details". Erstaunlich pflegeleichte Gärten kommen dabei heraus, wobei ihr dieser Begriff nicht recht gefällt: „Ich entwickle durchaus pflegeleichte Gärten. Aber es soll dabei auch herauskommen, dass man etwas leichten Herzens tut, weil es Freude macht, nicht Mühsal, die man lieber umgeht. Ich finde ja sowieso, Rasen macht viel mehr Arbeit als ein Staudenbeet. Und er bremst aus. Stauden haben unterschiedliche Strukturen von Blatt und Blüte. Damit bringe ich Rhythmus in den Garten. Wiederholungen. Kontrapunkte. Einander aufgreifende Sequenzen, wie eine Melodie sie hat. Was bei meinen Kombinationen herauskommt, finden viele Menschen ‚luftig', ‚flirrig', wie mit lockerer Geste hingegossen. Aber es erstaunt sie auch immer wieder, dass dieser Mix tatsächlich weniger Arbeit macht."

Als Ilka Mahro ihr Leben plante, hatte sie sich für einen Studienplatz für Gartenplanung entschieden, dann aber drei Kinder bekommen und dieses Berufsziel aufgegeben. Etliche Gärten waren dennoch mit ihr durch die Jahre gewandert. „Im Endeffekt hatte ich überall, wo ich wohnte, einen Garten." Unauslöschlich blieb der Bauernhof ihrer Tante, auf dem sie fast jedes Wochenende verbrachte und dessen Atmosphäre sich in einigen Szenarien ihres heutigen Gartens wiederfindet – mit scheinbar zufällig arrangierten Hofszenen, einem Staketenzaun aus Kastanienholz und der beiläufigen Platzierung von Gartenmöbeln. „Dieses Freiheitsgefühl, dort herumzustreifen, vergesse ich nie. Es gab einen Obstgarten, einen Bauerngarten, der war eingezäunt, alles unprätentiös. Als Kind liebte ich es sowieso, draußen in der Natur zu sein. Immer noch habe ich dieses Gefühl, ich muss raus."

Dass sie als erwachsene Frau aus ihrer Gartenliebe eines Tages eine Profession machen würde – als Autodidaktin –, hat sie lange nicht geglaubt. Sie machte Entwürfe für andere, gab Tipps, beriet Besucher, schrieb bereitwillig die Namen der von ihr verwendeten Pflanzen auf – eine Passion war's, noch nicht der feste Wille, den Broterwerb daraus zu machen. „Aber die Idee reifte natürlich in mir. Es gab eine Frau, die hat zwei Jahre auf mich eingeredet, dass sie unbedingt einen Entwurf von mir haben wollte, weil zwei Gärtner sie schon enttäuscht hatten. Sogar mein Sohn stieß mich irgendwann an: ‚Mama, mit so was kannst du auch Geld verdienen.' Da war das Feuer längst in mir entbrannt, nicht nur den eigenen Garten, sondern auch fremde Gärten zu gestalten."

Unzählige Gartenbücher hatte sie bereits gelesen. Hatte Gärten in England und Holland besucht. Wurde Initiatorin der Offenen Gärten in Schleswig-Holstein, zu denen heute rund 300 Akteure gehören. Ihr eigener Garten war zum Experimentierfeld geworden, in dem sie immer wieder ganze Flächen neu konzipierte. Ein besonderer Anschub war der Auftrag, zur Landesgartenschau in Schleswig den Garten vor der denkmalgeschützten Villa des Tourismusbüros neu zu gestalten. Sie tat das mit leichter Hand, sodass die Leute bis heute fasziniert vor ihren Gräserwolken stehen bleiben.

„Zu meinem Konzept gehört, dass ein Garten auch im Winter schön sein muss. Wenn ich zu planen beginne, fange ich mit strukturgebenden Pflanzen

Vorherige Seiten: Die Atmosphäre eines Hauses bestimmt, welcher Garten zu ihm passt. Zu dieser alten Hofstelle gehörte die Mühsal der Feldarbeit und Viehwirtschaft, aber auch das besondere Bewusstsein für Feierabendstunden. Ilka Mahro hat deshalb nach Mustern gesucht, die das Gärtnern mehr zur Freude als zur Fron werden lassen – alles so ungezwungen, wie sich der alte Hof heute präsentiert.

an wie Buchs und Eibe und Stauden, die ihre filigrane Gestalt auch im Winter halten. So gehe ich durch die Jahreszeiten. Für den Frühling setze ich Zwiebeln zwischen die Stauden wie ein fließendes Band, das sich durch den Garten webt. *Allium* hat dann eine Leitfunktion, wie es im Herbst die Gräser sind. Im Verlauf des Jahrs übernehmen immer andere Pflanzen die Hauptattraktion – wie Akelei, Wiesenraute *(Thalictrum)*, später der Kandelaber-Ehrenpreis *(Veronicastrum virginicum)*. Besonders inspiriert hat mich der Holländer Piet Oudulf mit seinen Mixturen aus Gräsern und Leitstauden wie Astilben, Sonnenhut, Schafgarbe *(Achillea)* und Wasserdost *(Eupatorium purpureum)*. Er hat meinen Blick geschult, meine eigenen Kombinationen zu finden. So fiel mir eines Tages geradezu schmerzhaft auf, wie konträr die Gestik von Rosen und Gräsern sein kann. Seitdem sage ich mir bei den meisten, trenn die mal lieber."

Wenn sie Gärten für andere plant, denkt sie sich lange in sie hinein, versucht abzuklären, welche Szenen sie vor ihrem Auge haben, ob ihr Garten noch den Vorgänger spiegelt und wie er zur Projektionsfläche der eigenen Persönlichkeit werden könnte. „Das sind wunderbare Herausforderungen. Einmal habe ich mir zwei Wochen lang ‚feurige Gartenszenen' auf den Küchentisch gelegt, weil die Gartenbesitzer diese Stimmung suchten. Am Ende war der schönste Lohn, dass sie sagten: ‚Sie haben unserem Garten seine Seele gegeben.' Das ist es, was mir Freude macht: Die Suche nach der Einheit von Garten, Mensch, Haus, Umgebung. Schön, wenn sich im Garten die Persönlichkeit seiner Menschen widerspiegelt, aber ich suche auch immer danach, dass das Haus mit eingebunden wird und keiner sich fremd beim anderen fühlt."

Oben: Staudenbeete von anmutiger Wildheit sind im eigenen Garten zu finden und werden von Ilka Mahro auch für fremde Gärten entworfen. Ihre Maxime: Pflanzen wählen, die während des ganzen Jahres gut stehen und nur gezielten, kurzen Aufwand brauchen.
Links: Die Anmut eines Bauerngartens durch den Blick eines Rosentors – auch hier bleibt die Arbeit überschaubar; das Schneiden der Buchssträucher ist allerdings zweimal im Jahr fällig. Der Anblick erfreut jeden Tag; sogar im Winter, wenn die Buchse Schneehauben tragen.

Erfahrungen

Dass man Schatten spannend gestalten kann durch unterschiedliche Blattformen und Farbe; vor allem durch die Kombination von Farnen, Funkien und Christrosen.

Dass Mut zur Veränderung jedem Garten guttut. Alle fünf Jahre sollte man ein Beet überarbeiten und überprüfen, entspricht die Pflanze noch der Beetgröße, haben sich einige vermehrt, sind andere verschwunden? Ich trenne mich öfter mal von bestimmten Pflanzen, verschenke sie, wechsle sie aus, wie man es mit seiner Kleidung tut, wenn man seinen Stil verändert.

Dass jede Pflanze durch ihre Nachbarpflanze bestärkt werden kann; man kann runde Formen durch Filigranes hervorheben und umgekehrt.

Dass man immer auch die zweite Ebene im Blick haben muss, nicht nur die Stauden am Boden, sondern auch die Dimensionen der Hecken und Bäume; dazu gehört auch der Hausbaum.

Lieblingspflanzen

Gräser allgemein. Besonders Rutenhirse (*Panicum virgatum*) 'Heiliger Hain', Mädchenhaargras (*Stipa tenuissima*), Riesenfedergras (*Stipa gigantea*), Reitgras (*Calamagrostis × acutiflora*) 'Karl Foerster'.
Dreiblattspiere (*Gillenia trifoliata*). Zierlauch-Arten (*Allium*). Purpur-Sonnenhut (*Echinacea*). Wiesenraute (*Thalictrum*). Purpur-Fetthenne (*Sedum spectabile*) 'Purple Emperor'. Oktobersilberkerze (*Cimicifuga ramosa* 'Pink Spike'. Kandelaber-Ehrenpreis (*Veronicastrum virginicum*). Waagerechte Herbst-Aster (*Aster lateriflorus*) 'Prince' (altrosé). Trauben-Lilie (*Liriope muscari*). Wasserdost (*Eupatorium purpureum*) setzt einen schönen dunklen Punkt im Beet. Sterndolde (*Astrantia major*). Pfauenrad-Farn (*Adiantum pedatum*). Christrosen (*Helleborus*).

Naturschönheiten, bunt gemixt, aber auch wohldurchdacht: Farbkleckse in ähnlicher Größe (wie bei Malven und *Allium*) setzen Leitpunkte; weiße *Echinacea* bringt Rosa- und Blau-Töne erst richtig zum Leuchten. Akelei setzt das leichte Flirren und Sich-Wiegen ins Beet. Der Kandelaber-Ehrenpreis (*Veronicastrum virginicum*) beherrscht die Szene. Mohnkapseln bleiben schön bis in den Herbst.

Frederike Frei

POETIN, SCHAUSPIELERIN, REGISSEURIN,
LITERATUR PRODUZENTIN
UND -VERANSTALTERIN

EIN GARTEN WIE EIN „PFLÜCKCHEN GRÜN"

Vorherige Seite: So sieht ein Garten aus, wenn man einfach alles hineinträgt, was einem zufällig begegnet. Oder was man liebt: Oleander, Sonnenblumen, eine verblühte Rose, die drei Monate zuvor noch die Hauptrolle im Garten spielte. Im Hintergrund der Apfelbaum.
Unten: An der Gartengrenze ein munterer Strauch Herbstastern – der gehört schon dem Nachbarn.

Sie ist frech. Sie ist wild. Sie ist zart. Sie ist komisch. Sie hat es faustdick und hauchzart hinter den Ohren. Und sie ist keine begnadete Gärtnerin. Aber sie schreibt Blumengedichte zum Niederknien. Eins ihrer schönsten ist dem Schneeglöckchen gewidmet. „*Ins Leisesein gezogen,/ ins Immerleisersein,/ in die Knochenkälte: Da/ liegt der Anfang/ der Welt. Schneeglöckchen,/ zierliche Spinnerin,/ ein Pflückchen Grün,/ berückend. Unerhört/ vom tauben Harsch.*"

Ihre jüngsten Verse sind im Band 'Echt Himmel das Blau heute' nachzulesen.

Begonnen hat ihre Blumendichtung mit frivolen Zeilen über die Magnolie, nachdem ihr Mann jedes Mal, wenn sie über die Glienicker Brücke fuhren, auf einen Baum zeigte: „Da ist sie wieder, die verrückte Magnolie." Das verfing sich in Frederike Freis Gedanken, bis die Zeilen aufs Papier gebannt waren: „*Sie reißt sich die Blütenblätter/ vom Leib, hat sie nicht mehr/ alle. Unten im Gras/ Scherbenhaufen Licht aus/ Porzellan mit rosaweißen/ Schnittkanten. Das ist die wahnsinnige/ Magnolie. Weg wirft sie/ sich, wem an den Hals,/ hat Heimatweh, steht fremd.*"

»Ich begriff, dass Blumen geliebt werden wollen«

Dies war zum selben Zeitpunkt, an dem sie, die Schauspielerin, Germanistin, Schriftstellerin, ein neues Zauberland betrat – ihren ersten eigenen Garten. „Vor zehn Jahren war das. Wir waren gerade nach Potsdam gezogen. Ich stand da im Gras unterm Apfelbaum und sah die Frühlingsblumen, die Schneeglöckchen und entdeckte ihren Rand, diese zarte grüne Linie. Ich weiß nicht, warum ich es nie vorher sah: Ich begriff, dass Blumen leben, dass sie gesehen, geliebt werden wollen. Alle, nicht nur die Magnolie. Ich habe sie näher angeguckt und bestaunt – Lebewesen, die es aushalten, auf einer Stelle zu stehen. Eigentlich ist das ein negativer Ausdruck, aber wer wie eine Blume stehen bleibt, gerät in die Tiefe, wurzelt."

Verliebtheit erfasste sie von nun an, wenn sie ihren Garten betrat. Bis heute tut es ihr leid, dass sie als junges Mädchen kein Interesse zeigte für die Hingabe, mit der ihre eigene Mutter den ehemaligen Garten in Hamburg bestellte. Die Gärten ihrer Kindheit – geboren in Brandenburg, aufgewachsen in Rotenburg an der Wümme – erinnert sie als Abenteuerland: „Ich kämpfte mit Jungs, war Torwart, saß aber auch auf dem Kantstein, um mit Mädchen Glanzbilder zu tauschen. Wir hatten einen Garten mit vielen Blumen und Glaskirschen. Es gab einen Schuppen, und wir zelteten im Garten. Später studierte ich in Hamburg Germanistik und Theologie, ging sechs Semester zur Schauspielschule, spielte Theater, machte Fernsehen. Dann brannte ich dafür, den Menschen die Scheu vor der Literatur zu nehmen, und zog mit einem Bauchladen meiner eigenen Gedichte als ‚LeseZeichen' herum." Kopfgeschichten. Null Sehnsucht, in Erde zu greifen. 1976 erfand sie den Bauchladen der Poesie, zog damit über die Frankfurter Buchmesse und erreichte die Leser persönlich. Ein Erfolgsmodell, dem sie weitere Einfälle folgen ließ. Zettelte „Dichterdemos" an, gründete die „Literaturpost e.V.", mit der sie private, oft angstvoll gehütete Texte an die Öffentlichkeit trug. „Innenleben muss ins Außenleben, damit wir wissen, wie wir sind", beschwor sie ihre Leserinnen und Leser. Seit sie – mit 50 Jahren – ihren ersten Garten bezog, fand sie den Ort, all die Manuskripte zu beenden, die lang schon begonnen waren. Da sitzt sie ganze Sommernachmittage am Laptop oder geht sehnsüchtig herum, um zu schauen, was sich rührte in ihrer Gartengesellschaft. „Kaum bist du zwei Tage verreist, ist schon wieder alles anders. Ich liebe die langen Nachmittage, wenn der Apfelbaum Schatten wirft. Oder vielleicht reizt mich doch der Frühling mehr, wenn man alles wiedersieht – die grünen Spitzen, die Blätter, die Farben. Am meisten liebe ich das Gras, das spitze, weiche, grüne Gras." Warum, liebe Blumenversteherin? „Ich bin auf einer Wiese gezeugt worden."

Erfahrungen

Dass alles seinen Sinn ergibt, bei Blumen wie im Leben: Die Wildtriebe der Rosen muss man abschneiden, wenn die Rosen blühen sollen. Denn diese gewaltig wachsenden Triebe haben zwar keine Dornen, aber tragen auch keine Früchte. Es bringt nichts, sich zu verzetteln mit Liebschaften …

Dass Blumen entwaffnen, sie laufen nicht weg, hetzen nicht, setzen niemanden unter Druck, auch nicht sich selbst. Sie lassen tief blicken, geben sich restlos her, haben nichts zu verbergen.

Dass es auch uns Menschen gut tun würde, wenn wir uns zeigen, wie wir sind – mal im Prinzessinnenkleid, mal verkrumpelt wie eine Zinnie, wenn sie welkt. Der Garten zeigt sich immer ganz.

Lieblingspflanzen

Gras, den Rasen, über den man mit bloßen Füßen geht. Meinen Apfelbaum der Sorte 'Landsberger Renette'. Jede Blüte, die sich mir zeigt: Gänseblümchen *(Bellis perennis)*, Trollblumen *(Trollius europaeus)*, Petunien *(Petunia)*, Fuchsien *(Fuchsia)*, Rittersporn *(Delphinium)*, Dahlien *(Dahlia)* …

Eine rote, einfach blühende Dahlie, *Cosmea* in Rosa und links unten purpurfarben. Dazu die Sonnenblume und Zinnien in dunklem Pink und Buttergelb; die nennt Frederike Frei in einem ihrer Gedichte „wollüstige Bleibe fürs Auge". Nach dem Namen ihrer Apfelsorte suchte sie lange: Sie heißt 'Landsberger Renette'.

PINIENDUFT FÜR CONSTANCE SPRY

Petra Steiner

DIPLOM-BETRIEBSWIRTIN, FACHFRAU
MARKETING, HEUTE TEILZEIT,
GARTEN-AUTODIDAKTIN

Vorherige Seite: Märchenhaft schön – die stark duftende, sanft nickende Strauchrose 'Constance Spry'. Links der Rosenbogen, in dem Petra Steiner fotografiert wurde. Hinten ein Rundbeet mit Bank und Brunnen.
Unten: Der gewöhnliche Holunder *Sambucus nigra* entwickelt sich hier zu bühnenreifer Schönheit mit fingernagelgroßen Einzelblütchen.
Rechts: Der einmalblühende Rambler 'Himmelsauge' – ein Schauspiel für sich.

Wenn sie die Augen schließt und das Wort „Garten" denkt, sieht sie ein Auenwäldchen. Jenen lichtdurchsprenkelten Haag, in den sie als Kind geradelt ist, gleich nach den Hausaufgaben, immer begierig, ihren Gedanken nachzuhängen. Federleichte Träume waren es, wenn die Buschwindröschen blühten. Ruppig konnte ihr das Wäldchen erscheinen. Oder wie eine Umarmung. Schön, im Laub zu sitzen und den Bäumen Geschichten zu erzählen. Ihr Großvater sagte scherzeshalber: „Das ist dein Wald, der gehört dir." Wenn man in den Garten schaut, den sie selber in ihrem heutigen Wohnort Feldkirchen-Westerham erschuf, trifft man auf ganz andere Szenerien: Überbordende Rosen an Eisenbögen und mehreren Pavillons. Steinbänke, zahlreiche Wasserspiele und Skulpturen, adrett gefasste Wege. Und Säulen-Thujen, von Jahr zu Jahr mehr, die zunehmend mediterranes Flair in den Garten tragen. Und doch ähnelt sich vieles: Auch dies ist ein Märchengarten, der Petra Steiners Sehnsüchte widerspiegelt. Hier hat sie sich ihr persönliches Arkadien geschaffen, in dem ihre Träume vagabundieren dürfen. Und gleichzeitig den Schutzraum, in dem sie Gedanken ordnet und Kraft für neue Aufgaben gewinnt. Aufrufen, verwerfen, sich durcharbeiten zu dem, was wirklich wichtig ist im Leben – im Garten scheint alles übersichtlich zu werden. Selbst Grausamkeiten relativieren sich. „Als mein schöner Buchs gestorben ist", sagt sie, „habe ich ihn komplett entfernt und durch andere geeignete Pflanzen wie Zwergmispel *(Cotoneaster)* ersetzt. Schade war's um die langen, schönen Buchshecken, aber es ist wichtig, in Zukunft auf mehrere Pferde zu setzen und Monokulturen tunlichst zu vermeiden. Mein Garten lässt sich auch mithilfe von Eiben *(Taxus baccata)*, *Ilex*, Gräsern und Stauden wie dem Wolligen Ziest *(Stachys byzantina)* gut strukturieren. Man muss einfach etwas Fantasie haben." Keine Traurigkeit? Kein Zorn? „Ich hab' keine einzige Träne geweint. Vor drei Jahren hat ein schreckliches Hagelunwetter meinen Garten verwüstet – und das eine Woche vor der Offenen Gartenpforte! Das war furchtbar. Aber dieser gestorbene Buchs ... man ist froh, wenn er weg ist. Dann kommt man auch wieder auf positive Gedanken und hat Mut für einen Neuanfang. Und dem wohnt ja bekanntlich ein Zauber inne, wie Hermann Hesse so schön dichtete."

»Wenn ich im Garten arbeite, ist das wie Meditation«

Umso umtriebiger sucht sie nach neuen Gestaltungsideen. Gerade hat sie den Eingangsbereich mit hohen Hecken bepflanzt, zusammen mit ihrem Mann Leonhard eine Treppe gebaut, ein schmiedeeisernes Tor gesetzt. „Früher war ich viel mit Rosenleuten zusammen, da war ich der Meinung, Rosen sind das Nonplusultra. Ich denke, während eines Gärtnerlebens ist es vollkommen normal, mehrere unterschiedliche Entwicklungsstufen zu durchlaufen, mal dieses und mal jenes auszuprobieren, bis man zu seiner eigenen Gartenpersönlichkeit gefunden hat. Heute bin ich mehr für Reduktion in bestimmten Gartenbereichen, um dann an anderer Stelle richtig auf die Pauke zu hauen. Man muss Spannung in den Garten bringen – formale Strenge hier, dann wieder aufregender – romantische Fülle zum Beispiel wie bei meinem Laubengang mit üppigen Ramblerrrosen. Und man muss Mut haben zu den eigenen Eingebungen. Ruhig mal anecken. Wenn ich auf meine Intuition hör', mache ich meist ganz von allein alles richtig – mit den Kindern, mit dem Garten, mit Lebensentscheidungen." Dreinreden lassen hat sie sich eh nie. „Mein Garten muss schließlich zu mir passen."
Bei ihrem ersten eigenen Garten, meint sie, fehlte ihr die Bravour zu dieser Einstellung. 21 war sie, noch voll mit ihrem Betriebswirtschaftsstudium beschäftigt. „Ich hatte gar keine Beziehung zum

Ganz oben: Noch ein Rosenpavillon, wieder mit 'Constance Spry', die leicht zum Kletterer wird, wenn man ihr Halt gibt. Dahinter die *Thuja columna*, deren Duft Petra Steiner so betört.
Oben: Der Blick in den Frühstücks- und Sonnengarten, den die Steiners und ihre drei Kinder im Sommer eifrig nutzen. Am Eingang Blattschmuckstauden wie Vergissmeinnicht, Storchschnabel, *Heuchera* und *Hosta*.

Garten. Die Vormieter hatten dort eine Katze vergraben; nichts war inspirierend." Auch der heutige Garten begann zögerlich. „Das war eine Brache mit einem Apfel- und einem Zwetschgenbaum. Wir haben erst nur ein kleines Stück abgezäunt, den Sandkasten reingestellt, ein paar Blumen und die Schaukel für den Ältesten. Fertig." Heute sind die Kinder 7, 9 und 14, und in ihrer Mutter sind die eigenen Kindheitserlebnisse wieder lebendig geworden. „Was ich auch tue in meinem Garten – ich hab' immer auch das kleine Auenwäldchen im Kopf drin. Mein Mann sagt gern zu mir: ‚Das ist dein Traumland. Vielleicht realisierst du es irgendwann'…" Bis dahin genießt sie ihr grünes Refugium, die schlanken Säulen-Thujen, die sie an das Laisser-faire des Südens erinnern. „Ihr köstlicher Duft tut mir einfach gut! Dieses Jahr habe ich bei 34 Grad die Hecken geschnitten. Ich mag das, mal ein bisserl an die eigenen Grenzen gehen, Kräfte austesten. Aber da war noch was anderes: die Hitze, der Duft der Thujen – das fühlte sich an, als wäre ich einmal in einer ganz anderen Landschaft zu Hause gewesen."

So wird sie also weiterhin in ihrem Garten das suchen, was sie schon damals als kleines Kind in ihrem Wäldchen so liebte: dieses Glücksgefühl, für einen kurzen Moment mit der Natur und ihren Lebewesen eins zu sein. „Wenn ich im Garten arbeite, ist das wie Meditation. Dann steht für mich die Zeit still und die Welt draußen ist vergessen."

Erfahrungen

Dass bei Lebensbäumen *(Thuja occidentalis)* die Wahl der Sorte wichtig ist. Für Hecken nehme ich immer die Sorte 'Brabant', da sie schnell wächst. Die Sorte 'Smaragd' hat zwar das schönere Grün, aber es dauert lange, bis ihre Form geschlossen ist.

Dass man eine Blume mögen muss, damit sie wächst. Wenn ich zum Beispiel meine Jungfer im Grünen *(Nigella damascena)* in einem Jahr nicht schätze, kann ich sicher sein, dass sie im nächsten Jahr nichts wird.

Dass Pflanzen unterschiedliche Charaktere haben. Es gibt sehr sanfte, aber auch solche, die keine Gelegenheit auslassen, einem weh zu tun. So eine ist die Rose 'A Shropshire Lad' von Austin: trotz ihrer traumhaft schönen crème-apricot-farbenen Blüten ein böses Biest! Und das sag' ich ihr auch!

Dass viele Gartenbesitzer vermutlich deshalb so wenige Bäume pflanzen, weil sie Angst haben, dass sie ihnen über den Kopf wachsen und sie die Kontrolle verlieren. Meine Bäume sind die Seele des Gartens.

Dass ich eigentlich nie richtig wunschlos sein werde; immer gibt es wieder eine Ecke, an der noch gefeilt werden muss.

Dass Bücher eine wunderbare Investition fürs Leben sind. Wer in seinem Garten glücklich sein will, muss schauen, schauen, schauen und sehr viel lesen.

Lieblingspflanzen

Lebensbäume *(Thuja)* in allen Farben und Formen, die Blütenfülle der Rosen und Hortensien *(Hydrangea)* im Sommer, die duftigen Stauden – ich mag eigentlich alle, denn eine ist ohne die andere nichts.

Über 400 Rosen gehören zum Garten; außer 'Constance Spry' sind auch 'Super Fairy', 'Aloha', 'Rosanna' und 'Jasmina' stark vertreten. Dazu Besonderheiten wie die Schneemarbel *Luzula nivea*, die Iris-Sorten *Iris-Barbata-Elatior* 'Matinata', *Iris-Barbata-Media* 'Arctic Fancy' und *Iris-Barbata-Elatior* 'Stepping Out'. Und an markanten Punkten auch Bauernpfingstrosen, wie die knallrote *Paeonia lactiflora* 'Ruth Clay'.

DAS GEHEIME REICH DES KOHLWEISSLINGS

Hannelore Mattison Thompson

GARTEN-AUTODIDAKTIN, KENNERIN
DES FORMALEN ENGLISCHEN GARTENS,
MALERIN VON BLÜTENPORTRÄTS

Vorherige Seite: Der Blick in das obere Ende des Gemüsegartens. Links die Rose 'Mme. Isaac Pereire', rechts die weiße 'Madame Hardy' und die rosafarbene 'Fantin Latour'. Man sieht die Birnenspaliere, unter denen sich das Gemüse aufreiht. Ganz hinten ein Mönch aus Sandstein, der an das nahe Kloster erinnern soll.
Unten: Der zweite Mönch – „Franziskus" – unter einem Blütendach der Alba-Rose 'Céleste'. Im Vordergrund 'Madame Hardy' und 'Fantin Latour'.

Wenn denn jede Blickachse zum Seufzen schön ist, wenn die Clematis sich genau so lässig an den Eibendurchgang schmiegt, wie man es immer wünschte, und wenn selbst die Obstspaliere perfekt gelangen – was haut einen dann noch um im Garten? „Alles. Jederzeit und immer wieder neu", sagt Hannelore Mattison Thompson. „Aber dann gibt es zusätzliche kostbare Momente, in denen einem das Herz stehen bleiben will: Wenn zum Beispiel im weißen Garten alle Blüten leuchten und dann kommt an einem Sommertag irgendwann ein Kohlweißling daher und gaukelt herum – da denke ich, das ist doch nicht zu fassen! Ein einfacher weißer Falter ist da, komplettiert das Bild, und das ist eine Faszination!"
Vor 30 Jahren hat sie begonnen, ihren Garten in Schlangenbad im Taunus anzulegen. Eine Wiese, die einfach dalag, mit ein paar Pflaumenbäumen, mehr gab es nicht. Aber Hunger nach einem außergewöhnlichen Anblick gab es. Das Bestreben, etwas sehr Individuelles, Unverwechselbares zu schaffen, das englische Gartenkultur widerspiegelt und doch ihrer eigenen Kreativität entspringt. Da ihr Mann Brite ist, schlugen da gleich zwei Herzen im selben Takt. „Wir besuchten viele Gärten. Ich interessierte mich für die Wohn- und Gartenstile von Russel Page und David Hicks. Beide liebten sehr geradlinige Gärten, und das gab den Funken: Ich wollte gerade Linien, keine geschwungen Wege. Ich wollte Räume aus gerade geschnittenen Hecken. Es gibt da in mir ein inneres Begehren nach Ordnung und Ästhetik. Ich brauchte keine Vorlage für meinen Garten, ich hatte nicht einmal einen festen Plan – mein Kopf war voll von Ideen; ich ließ einfach eine nach der andern heraus."

Zuerst wurden Hecken gezogen. Gegen den Wind, der über das Grundstück pfiff. Aber vor allem als Rahmen für die Szenerien, die sich in Hannelore Mattison Thompsons Vorstellung formten. „Die Hecken waren ja zunächst klein und man fühlte die Räume noch nicht und wie das alles werden würde. Ich habe das dann alles eingeteilt: Rosengarten, Erweiterung Gemüsegarten, dann den Wassergarten, der etwas offener gestaltet, aber formal bepflanzt werden sollte. Und der Hauptgarten sollte Rasen bleiben, brauchte aber ‚Möblierung' durch große Buchskugeln, damit er schneller seiner vorbedachten Form entgegenwächst. Ich setze gern große Pflanzen, damit der Garten gleich mehr Reife bekommt."
30 Jahre schöpferischer Kraft sind hineingeflossen. Bild um Bild. Im Rasengarten hat sie Apfelbäume vor die Eibenhecke gesetzt, davor eine Rabatte angelegt als typisch englisches Element. Hat Frühlingsblüher verteilt, dann als Hintergrund Sträucher gepflanzt, zwischen Phlox Gräser eingestreut, für den Herbst japanische Anemonen (*Anemone hupehensis* var. *japonica*) gewählt, für den Vordergrund flachen Storchschnabel (*Geranium*), der sich ebenso anmutig wie ordentlich über den Plattenrand legt. Im weißen Garten hat sie ein Traumbild ihrer Kindheit realisiert: ein Meer aus Schneeglöckchen (*Galanthus nivalis*), das ihr damals wie das Geheimnis

Oben: Der formalste der Gärten – sehr klar, still, ausgewogen mit akkurat geschnittenem Buchs. Im Hintergrund eine Sitzgruppe inmitten mächtiger *Hosta*-Pflanzen.
Unten: Zwischen Eibenhecken der symmetrische Gemüsegarten, der trotz der Linearität durch Rosenpflanzungen und die am Spalier gezogenen Birnen der Sorte 'Beurre Hardy' die Atmosphäre eines alten romantischen Gartens erhält.

einer unbekannten Welt erschien. "Ich war eines Tages einen anderen Weg als sonst von der Schule nach Hause gegangen – und da traf ich auf einen Vorgarten mit Staketenzaun und dahinter diese Wiese voller Schneeglöckchen. Ich war wie betäubt. Das Gefühl vergaß ich nie. Wenn im März die Buchshecken noch winterhaft sind und dann inmitten der Starre sich die blühenden Schneeglöckchen im Wind bewegen, ist die Erinnerung an die Kindheit wieder gegenwärtig."

»Mein Kopf war voll von Ideen«

Immer scheint das streng Formale ihres Gartens sich aufzulösen in etwas Kapriziöses, das besonderer Aufmerksamkeit bedarf. Hier eine Handvoll Margeriten *(Leucanthemum vulgare)*, die nie umgemäht werden, dort ein Inselchen Schachbrettblumen *(Fritillaria meleagris)* und Himmelsschlüsselchen *(Primula veris)* wie auf einer Madonnenwiese. Sie hat den feinen Blick der Blumenmalerin, die jede Ader eines Blatts, jede Schattierung seiner Farben wahrzunehmen vermag. Als sie und ihr Mann eine Zeitlang in Paris lebten, besuchte sie viermal die Woche Malkurse. Später, an der Universität Cambridge, absolvierte sie ein Malstudium mit Diplom in Fine Arts. Ein paar ihrer kleinen Kunstwerke aus Bleistiftzeichnungen und Wasserfarben wurden in dem Buch „Botanical Illustrations" veröffentlicht. Manche ihrer Gartenszenen erinnern an diese hauchzarte Kunst – jede Linie ausgearbeitet, jede Blütenform präsentiert wie ein Wunderwerk, jedes Beet ausgefeilt. Was wird sein, wenn alles vollkommen ist? Sie lacht. „Ein Garten ist nie fertig. Er ist ja ein Lebewesen, das wächst, reift und immer neue Zuwendung will. Mir ist zum Beispiel wichtig, dass ich Tiere hineinbekomme in den Garten. Im Sommer habe ich es unheimlich gern, wenn beim Dunkelwerden die Fledermäuse auf den Teich runterschießen und die Insekten wegfangen. Der Moment zwischen dem Dunkelwerden und dem Dunkelsein ist überhaupt unheimlich schön. Das ist ein Moment, in dem ich den Garten umarmen möchte."

Taubenblau als besänftigender Farbton am Rundbogen und an der mit Hopfen *(Humulus lupulus)* überzogenen Laube. Der Wassergarten mit seinen großen Farnen im Vordergrund und den aufgeschichteten Steinen zeigt die morbiden, fast mystischen Stimmungen eines Gartens.

Erfahrungen

Dass eine schöne Optik nie Vorrang haben darf vor den Bedürfnissen einer Pflanze; am falschen Standort werden Pflanzen nichts.

Dass man beim Kauf großer Pflanzen – v.a. bei Bäumen – Vertrauen zur Baumschule haben muss. Meine große Rotbuche, die dem Garten Statur geben sollte, hatte einen beschädigten Ballen und überlebte nicht.

Dass Efeu *(Hedera helix)* am Flechtzaun einen edlen schnellen Sichtschutz gibt.

Dass es bei aller Formalität im Garten auch verwilderte Ecken geben sollte.

Dass ein Komposthaufen in einem Garten ein wichtiger Bestandteil ist.

Lieblingspflanzen

Farne und Bergenien *(Bergenia)*. Schneeglöckchen *(Galanthus nivalis)*, die ersten botanischen Krokusse, Elfenkrokusse *(Crocus tommasinianus)*, Himmelsschlüsselchen *(Primula veris)*, auch die stängellose Kissenprimel *(Primula vulgaris)*, wilde Buschwindröschen *(Anemone nemorosa)*, Schachbrettblumen *(Fritillaria meleagris)*. Ein wildes Wiesenstück, das ich schon seit 20 Jahre habe; da haben sich die Anemonen sehr vermehrt. Und dann liebe ich Phlox, Veilchen *(Viola)*, Storchschnabel *(Geranium)*.

Um die Strenge symmetrischer Gartenräume mit romantischer Fülle oder Zartheit zu verwischen, setzt Hannelore Mattison Thompson ihre Lieblingsrosen 'Madame Hardy' und 'Reine de Violettes' ein; die meisten Blumen malt sie auch – wie das Rosenaquarell mit der Kartoffelrose *(Rosa rugosa)*. Dazu setzt sie (unten) zierliche Polsternelken *(Dianthus)*, Etagenprimel *(Primula japonica)* und Akelei.

Elisabeth Fürstin von Bismarck

––––––

BETREIBERIN UND MANAGERIN IHRES
„GARTENS DER SCHMETTERLINGE",
MÄZENIN UND SCHIRMHERRIN

Vorherige Seite: Buchen begrenzen den Schlosspark mit Schloss Friedrichsruh, das Reichskanzler Otto von Bismarck erbauen ließ und heute von Elisabeth Fürstin von Bismarck und ihrem Mann Ferdinand bewohnt wird. Rechts: Die schönen alten Bäume des Parks, gespiegelt im Schlossteich – in diesem Rahmen liegt das tropische Schmetterlingshaus.

Das gelbe Schloss sieht man nicht, wenn man sich ihrem Garten nähert. Man fährt die lange, schon leise bröckelnde Schlossmauer entlang, weiß den Park dahinter und riecht den Sachsenwald. Dieser Wald ist allgegenwärtig. Man schmeckt ihn, fühlt seinen Ernst. Er prägt die Stimmungen der Landschaft, wie es andernorts der Himmel tut. Der Wald gehört zu Friedrichsruh wie der Name Bismarck, seit der ehemalige Reichskanzler das mächtige Gelände 1871 von Kaiser Wilhelm I. in Anerkennung seiner Verdienste geschenkt bekam. Auch der Geruch des Mooses gehört hierher, eine fast frivole Mischung aus Moder und Überwucherungskraft am Fuße des Bismarck'schen Mausoleums. Und dann das: Ein Schmetterlingsgarten, der schon als Wort Flügel hat. Etwas Federleichtes, Exotisches, das Gegenwort für Sachsenwald.

Wenn Elisabeth Fürstin von Bismarck durch ihren Garten geht, trifft sie auf einen Duftgarten und die Wildwiese, auf der sie jeden Sommer Kosmeen, Mohn, Kornblumen und wilde Margeriten zieht; so filigran wie ein Sommergedicht. Bald erreicht sie den Bambusgarten, einen Koi-Teich mit Riesenexemplaren der buntscheckigen Fische und dann den „singenden Wassergarten", in dem unablässig Wasser aus Schalen kippt und Windharfen zum Spielen bringt. Am offiziellen Eingangstor des Gartens trifft sie auf kleine Hütten, Weinlauben gleich, in denen Besucher bis hinein in die nasse norddeutsche Herbstsaison beisammen sitzen. Eine kleine Kurve noch durch das neue Kaffeehaus, ein paar Schritte durch das Palmenhaus – dann ist sie am eigentlichen Ort des Geschehens: im Glashaus der Schmetterlinge. Hier riecht es nach Dschungel, nicht nach Sachsenwald. Hunderte Falter schweben herum, flattern, gleiten, segeln traumverloren. Nähern sich sacht wie schwebende Blütenblätter, sind Mini-Farbbomben oder handtellergroß in samtenem Braun, manchmal getarnt, als flögen Augen herum. Viele muss man erst entdecken, wie sie auf den Blättern der Tropenpflanzen verharren, andere scheinen zu spielen, herbeigeweht wie „ein perlmutterner Schauer", der glitzert, flimmert, vergeht mit einem „Augenblicksblinken", wie Hermann Hesse den Schmetterling als Synonym für ein flüch-

»Mein Staunen über die Schöpfung wächst unablässig«

tiges Glücksgefühl beschrieb. Still ist es hier. Selbst große Reisegruppen, die aus allen Teilen Deutschlands zu Besuch kommen, hört man nur flüstern. Kinder gehen andächtig staunend herum.

„Im Schmetterlingshaus sind die Leute immer sehr ruhig", sagt die Fürstin. „Wohl, weil man vor der Schönheit Respekt hat. Manche scheinen fast erschrocken zu sein über die Perfektion dieser ätherischen Wesen, die alle unterschiedlich gezeichnet sind." Sie liebt es, in solchen Momenten ein Kind herbeizuwinken: „Sieh mal hier, diese Riesenraupe. Und horch einmal, wie sie frisst. Du kannst es hören: Chap-Chap. Dann zieht das Kind seine Eltern am Ärmel und sagt laut und deutlich, was es gehört hat." Schöne Geschichten hat die Fürstin schon erlebt in ihrem Schmetterlingsgarten. Eines Tages rief eine der Kassiererinnen im Schloss an: „Hier ist ein blinder alter Herr. Soll er bezahlen?" – „Selbstverständlich nicht", antwortete die Fürstin und eilte sich, den Gast kennenzulernen. „Ich sah, wie sein Enkel ihn an der Hand voranführte. ‚Guck mal, Großvater, wie schön dieser hier ist. Der ist gelb und braun und ein bisschen gestreift …' Der Knirps war höchstens sechs Jahre alt und erklärte seinem blinden Großvater alle Schmetterlinge."

Beeindruckt waren alle Mitarbeiter des Schmetterlingsgartens, als eine Frau aus Berlin anrief und fragte, ob man in Friedrichsruh auch kranke Schmetterlinge kurieren könne. In ihrer Wohnung war sechs Monate zuvor ein Bananenschmetterling geschlüpft – ein *Caligo memnon*, der unbemerkt als Raupe auf einer Bananenstaude ins Haus gekommen war. „Das hatte sie völlig fasziniert, und der Schmetterling ist zu einem Freund in ihrem einsamen Leben geworden", erzählt die Fürstin. Nach und nach hatte die Frau herausbekommen, was er gern isst, hatte ihm Äpfel gerieben und abends, wenn sie nach Hause kam, Bananenmus hingestellt. Nun aber schienen seine Flügel zu bröckeln. Beunruhigt brachte sie ihn in einer Katzenkiste nach Friedrichsruh. „Wir sahen gleich, ihm war nicht mehr zu helfen", sagt die Fürstin. „*Caligo memnons* leben nur

zwei Monate; dieser aber hatte schon sechs hinter sich, und wir sagten: ‚Er ist einfach alt. Lassen Sie ihn doch hier. Dann kann er zwischen seinen Freunden sterben.' Die Frau buchte ein Hotelzimmer und blieb drei Tage, bis er gestorben war."

Die Idee, Schmetterlingen einen Garten zu bauen – den ersten in Deutschland –, fiel Fürstin Elisabeth vor 25 Jahren ganz unerwartet zu. „Es war nicht meine Idee. Mein Mann war in Belgien zur Jagd bei einem sehr guten Freund. Mein Bruder, der eine besondere Begabung für komische Situationen hat, war auch da und rief ihn herbei: ‚Komm mal rüber, da ist ein Franzose, der nur über Schmetterlinge spricht.' Der Mann besaß ein Schloss in Bordeaux und suchte nach einer Idee, wie er die wahnsinnig teuren Reparaturen seiner Dächer finanzieren konnte. Ein Engländer von den Kanalinseln hatte ihm vorgeschlagen, ein Schmetterlingshaus als Attraktion für Besucher zu bauen. ‚Das kannst du doch auch machen', meinte mein Bruder. ‚Du wirst vielleicht dein Dach reparieren, aber es ist mehr: Du wirst immer Freude haben, weil dies eine Welt der Schönheit ist.' Als mein Mann zurückkam, sprach er nur über Schmetterlinge … Ich war sehr erstaunt, ja fast erschrocken – ob er Fieber hatte?"

So wurde aus einer Geschäftsidee eine Passion. Fürstin Elisabeth verbrachte Monate damit, Bücher über Schmetterlinge und ihre Pflanzen zu lesen, über Wege, über Wasser und wie man Wasser sauber hält. Das Glashaus wurde gebaut, dazu ein Parkplatz für 26 Autos und einen Bus, und dann kam der Tag der Eröffnung, und über tausend Autos rollten heran und quollen hinein in den Sachsenwald. Ein Erfolgsmodell, durch das die Fürstin nicht nur ihr Herz an die Schmetterlinge verlor, sondern auch die Sehnsucht nach den Gärten ihrer Kindheit neu entfachte. Geboren in Belgien, aufgewachsen an der Küste, hatte sie erlebt, wie ihre Mutter Wildwiesen aus dem Dünensand zu zaubern schien. „Sie liebte Gärten, kannte alle Pflanzennamen und zeigte uns, welche Blumen Schmetterlinge lieben. Mein Vater nahm uns mit

Der Garten der Schmetterlinge ist in atmosphärisch unterschiedliche Bereiche aufgeteilt, in denen die teils handtellergroßen Flügelwesen frei herumfliegen. In den Bambushainen, in Zonen mit verschatteten Farnen, Palmen, Orchideen oder Kamelien-Bäumen findet man ihre Verpuppungsplätze.

auf ornithologische Streifzüge, und er trug immer eine winzige Lupe in einem Lederetui mit sich herum, um uns die wunderbare Perfektion der Natur vor Augen zu führen. Mein Bruder legt jedes Jahr eine Wildwiese in Belgien an, für die steigen die Leute vom Fahrrad, weil sie nicht fassen können, dass es so etwas Schönes gibt."

Sie selbst hat begonnen, ihre Wildwiese aus Stauden zu setzen, experimentiert aber weiterhin erfolgreich mit einer eigenen Saatmischung. An der Kasse zum Schmetterlingsgarten erhalten Kinder ein Tütchen davon als Geschenk mit ihrer Bitte, es irgendwo auf dem Weg zur Schule zu verstreuen, damit überall Wildblumen für die Schmetterlinge wachsen. In ihrem eigenen Herzen, sagt sie, sei das Staunen über die Schöpfung unablässig gewachsen. „Am Anfang war für mich die Faszination, alle Namen der Schmetterlinge zu kennen und zu wissen, welche Nahrung sie brauchen. Ich fand heraus, wie man sie züchten kann. Gerade haben wir Neues über ihre Balztänze entdeckt. Meine zweite Passion ist nun, in Gesprächen mit Anthroposophen, von denen viele meinen Garten besuchen, der Metamorphose der Schmetterlinge nachzuspüren. Ihr Weg vom Geborenwerden bis zum Tod enthält ja ein göttliches Rätsel. Sie sind Ei, Raupe, schlüpfen in mehreren Stadien aus ihrer Haut, wie der Mensch, wenn er reift. Verpuppen sich, scheinen der Welt verloren zu gehen, weil ihr Raupenkörper im Kokon nun abgebaut wird und zerfällt. Kein Atom von irgendwas scheint noch am Leben zu sein. Ein Rest aber doch: Die Seele. Dieser göttliche Funken, der sie zu einem Schmetterling, dem Imago werden lässt. Wer das versteht, kann die Hoffnung haben, dass auch der Mensch, wenn er stirbt, in anderer Form auferstehen wird."

Erfahrungen

Dass Wildwiesen sehr stur sein können, bevor sie blühen, wie man es erhofft.

Dass heimische Schmetterlinge mindestens drei Kilometer Flugabstand von ihrer Geburtsstätte brauchen, um sich zu paaren. Der Pavillon, den ich speziell für sie baute, war also falsch für hiesige Arten. Aber man kann Schmetterlinge ja auch auf dem Balkon anlocken, wenn man dort ihre Lieblingsblumen pflanzt.

Dass Menschen es als Glück empfinden, wenn sie Vorgänge in der Natur verstehen und sich immer nach einem Ort wie dem Garten sehnen, um diese Glücksmomente neu zu erleben.

Dass es passieren kann, dass keine der teuren Filteranlagen, die man kaufen kann, deine Teiche und Wasseranlagen mögen. Ich lasse das Wasser jetzt durch ein Pflanzenbeet laufen – so reinigt die Natur selbst das Wasser.

Dass ein Garten kreativ macht, auch auf einem Gebiet, auf dem man es sich gar nicht zugetraut hätte.

Dass im Garten alle Sinne angesprochen werden, ist mein Traum. Nicht nur Schmetterlinge werden das lieben.

Lieblingspflanzen

Alle Blumen, auf die die Schmetterlinge fliegen; vor allem Schmuckkörbchen *(Cosmos bipinnatus)*, Mohn *(Papaver rhoeas)*, Kornblume *(Centaurea cyanus)*, wilde Margeriten *(Leucanthemum vulgare)*.

Im 35 Grad heißen, feuchten Tropenhaus können nur tropische Pflanzen überleben. Sie werden ausgesucht nach dem Parfüm und der Farbe, auf die Schmetterlinge fliegen. Im Außenbereich wechseln sich Buchsgevierte mit Wildblumenwiesen ab.

ZURÜCK ZU DEN WURZELN

Anke Kuhbier

—◦◦◦—

GRÜNDERIN UND LANGJÄHRIGE PRÄSIDENTIN DER „GESELLSCHAFT ZUR FÖRDERUNG DER GARTENKULTUR"

Vorherige Seite: Wie ein Blick in ein anderes Jahrhundert – das behäbige norddeutsche Fachwerkhaus und das breite weidenumflochtene Gemüsebeet, in dem auch Kräuter, Hochstammrosen und kleine Obstbäume wachsen. Die Quitten erntet Anke Kuhbier im Gartenstreifen nebenan.
Rechts: Eines der Gebäude, die zum Hof gehörten, wurde durch einen Glasanbau eingebunden. Die Farbe der Eisenverstrebungen wurde in Monets Lieblingsfarbe gestrichen. Das Beet davor trägt die Farben eines fröhlichen Cottage Gardens.
Unten: Buchenhecken gliedern den entfernteren Gartenbereich – Platz für Ruhezonen; und für neue Ideen. Das Gartengelände wurde abschnittsweise durch Zukäufe erweitert und die Landschaft miteinbezogen in die Gestaltung.

Das liebt sie: Den Moment, in dem sie ihr Haus auf dem Land betritt. „Dieses Haus hat so eine Ruhe. Und es riecht so gut. In der Tenne rieche ich das Reet und das alte Holz seiner Balken. Und dann liegt auch der Garten so ruhig da. Das ist jedes Mal ein Gefühl, als habe alles auf mich gewartet." Vorn, vorm Tennentor, steht der alte Hausbaum, eine Kastanie. Hinten zieht sich ein langes, von Weidengeflecht gesäumtes Gemüsebeet hin, das im Sommer zu bersten scheint vor Fülle, eingehüllt in den Duft von Liebstöckel und blühendem Dill. Daneben eine heitere Rabatte aus Strauchrosen und Stauden. Ein breiter Rosenbogen lockt, den Weg fortzusetzen. Tiefe Gelassenheit allerorten. Im Herbst ist der Garten durchzogen von Astern und Dahlien, die im Morgendunst dieser norddeutschen Landschaft zu glimmen scheinen. Momente gibt's, da glaubt man, nie habe es in diesem Garten anders ausgesehen; durch Jahrhunderte nicht.

Tatsächlich aber ist es Anke Kuhbier gelungen, aus nacheinander erworbenen kleinen Grundstücksabschnitten etwas Ganzes zu komponieren, das dieselbe Zeit zu atmen scheint wie das Haus aus dem Jahre 1699. Eine eher ärmliche Hufnerstelle war dies gewesen. In einem alten Abgabenbuch finden sich Eintragungen, welche Zahlungen an Gutsherren und Kirche geleistet wurden. Als sich das Ehepaar Kuhbier in dies Haus verliebte, wohnte nebenan, im sogenannten „Altenteiler", die Bäuerin, die das gesamte Grundstück noch als eigenen Garten nutzte. Erst „häppchenweise", sagt Anke Kuhbier, habe ihre Familie es erworben, „und häppchenweise haben wir dann unseren Garten angelegt". Das Erste war ein Sitzplatz am Haus. Drumherum ein Staudenbeet. Als die größere Fläche hinzukam, wurde der Gemüsegarten zum Zentrum gemacht. Zu der Zeit wusste Anke Kuhbier fast alles, was man über Gärten wissen

»Vielleicht riecht man nachts ganz andere Dinge als am Tage«

musste, war – als Städterin – nicht nur Gründerin und Vorsitzende der in Hamburg ansässigen „Gesellschaft zur Förderung der Gartenkultur"; sie hatte auch schon 15 Jahre lang mit einer Freundesclique Gartenerfahrung gesammelt. Gemeinsam hatte man in Ostholstein auf einem großen Gutshof Ferienwohnungen gemietet, lauter Familien mit Kindern, die sich eine eigene Sommerfrische schufen. Erst nur mit fröhlichen Versuchen, hier und da eine mitgebrachte Blume anzusiedeln, dann experimentierfreudiger mit einer ganzen Palette von Kräuter- und Gemüsesaaten. „Das waren unerhörte Jahre, die ich nicht missen möchte", sagt Anke Kuhbier. Jedes Wochenende kehrte sie mit ihren drei Kindern der Stadt Hamburg den Rücken. Ihr Mann war Politiker, zeitweilig Umweltsenator der Hansestadt – es tat gut, sich geerdet zu fühlen. „Ich erinnere mich an wunderbare Sommer, in denen ich immer Arme voll Blumen ins Haus trug, die wir an Feldwegen pflückten. Selbst welche zu pflanzen, erschien mir als überflüssiger Luxus. Aber einige Frauen hatten Trichtermalven gesät und sehr ernsthaft begonnen, Gemüse anzubauen. Im Herbst wurde dann Tabula rasa gemacht. Alles umgerissen, mit Ausnahme der Erdbeeren. Und dann lag da die braune Erde, und im Frühjahr wurde alles neu gemacht. Da habe ich am Rande eines Schwei-

nestalls ein Beet abgetrennt, die Brennnesseln rausgerissen, Petersilie und Schnittlauch ausgesät, Buschbohnen gelegt. Das ging ja so einfach! Und mit frischem Bohnenkraut gekocht, war es eine Delikatesse." Irgendwann bekam sie Himbeerruten geschenkt und neue Gemüsesetzlinge samt Pferdemist vom Bauernhof. Bald lernte sie, dass man einen Zaun ziehen muss gegen Kaninchen – „und dann hat es mich gepackt, dies Ordnen und Gestalten. Ich habe sofort angefangen, Gartentagebuch zu führen. Das tue ich bis heute. Als ein Mitglied der Gesellschaft – eine richtige Gartenlady – uns ihre Bücher vermachte, habe ich deren Gartentagebücher bekommen. Das war, als hätte ich einen Schatz gehoben."

Gartenglück erlebte sie schon in der Kindheit, als ihre Mutter ein Stück Gartenland bearbeitete, das von der Hamburger Wohnung aus über einen schmalen Weg zu erreichen war. Gemischte Stauden und Sommerblumen gab's da, einen Apfelbaum, und unter einem Zwetschgenbaum stand ein übrig gebliebenes Hühnerhaus, das ihre Brüder ihr zu einem Puppenhaus zurechtgezimmert hatten. „Nicht viel Aufwand: kleines Fensterchen, eine Tür, Dachpappe obendrauf. Es roch noch nach dem Kalk, mit dem man es gegen Milben geweißelt hatte." Darin hockte sie gern. Am liebsten bei Regen, wenn der aufs Dach platterte. „Ich war fernab von der Welt. Und wenn meine Mutter mich rief, konnte ich so tun, als hörte ich sie nicht."

Links: Im Gemüsebeet reihen sich verschiedene Salatpflanzen an Brechbohnen, Porree, Rote Beete und aufgebundene Erbsen, durchmischt mit Wicken und blühenden Kräutern wie Salbei, im Frühjahr mit den roten Pompons des Schnittlauchs.
Rechts: Die Szenerie, die alle Gartenliebhaberinnen ersehnen – das einfache Leben unter einem Apfel- oder Birnbaum. Die Kunst der Gestaltung eines ländlichen Gartens besteht darin, ihm seine alte Seele zu lassen. Hier durfte die Wiese eine Wiese bleiben.

Dieses Fernabsein liebt sie heute noch. In ihren Garten in Kulpin, einem Dorf unweit der Domstadt Ratzeburg, mitten in der Lauenburgischen Seenlandschaft, schwappt wenig Lärm. „Der Garten kennt keine Hektik. Bin ich erst mal beim Wühlen, Schneiden, Harken, dann vergesse ich alles um mich herum. Der Terminkalender in Hamburg spielt keine Rolle mehr, auf die Uhr schaue ich auch nicht – manchmal zum Leidwesen meiner Familie. Am liebsten gehe ich mit kleinem Handgerät ohne große Pläne in den Garten und schaue mich erst mal genüsslich um. Dabei ergeben sich wie von selbst Aufgaben, Handgriffe, Ideen und Tätigkeiten. Und ohne Aufhebens gleitet die Zeit dahin. Wunderbar!" Einen friedlichen Ort sieht sie in ihrem Garten. Den

Ganz oben: In der Herbststimmung leuchtet der Wein am Reetdachhaus, letzte Rosen blühen bis in den Frost.
Oben: Das Gartenzimmer verbindet das Drinnen und Draußen.

Raum, in dem sie sich ungestraft verlieren darf. Und wieder hat sie ein ehemaliges Hühnerhaus, aus dem eine Wand herausgetrennt wurde wie für ein Kasperletheater. Ein Tisch, zwei Korbsessel stehen drin, aber Zeit zum Drinsitzen bleibt wenig. Überhaupt, glaubt sie, ist das größte Faszinosum im Garten, seinen Geheimnissen nachzuspüren, um etwas zu entdecken, das im Licht des Tages verborgen bleibt; vielleicht auch, um sich selbst neu zu erleben: „Ich würde gern mal eine ganze Nacht lang unter einem Baum sitzen. Einfach ins Dunkel lauschen, was sich so tut. Ich stelle mir vor, dass Tiere durch den Garten laufen. Ein Fuchs, wer weiß. Vielleicht sehe ich die Eule oder andere Nachtvögel. Vielleicht riecht man nachts ganz andere Dinge als am Tage. Ich stelle mir vor, auf leiseste Töne zu hören und sie zu deuten versuchen. Und irgendwann sehe ich die Sterne verschwinden und die Sonne aufgehen. Diese Vorstellung fasziniert mich. Aber wahrscheinlich würde ich das gar nicht durchstehen. Es würde mir kalt werden und ich würde mich vielleicht fürchten. Oder tierisch langweilen …"

Erfahrungen

Dass man keinen fremden Garten eins zu eins nachmachen soll; wohl aber kann man der Atmosphäre eines fremden Gartens nachspüren oder einzelne Ideen aufgreifen; ich habe zum Beispiel abgeguckt, vier Zierapfelbäume in meine Buchenhecke hineinzupflanzen.

Dass Gräserskulpturen ein so schönes Winterbild abgeben können, wie es sonst nur Buchs und Eibe schaffen. Das erlebte ich in einem der faszinierendsten Gärten, die ich je sah, in der belgischen Stadt Meer.

Dass der Garten weniger friert und sich die Tiere verstecken können, wenn ich im Herbst alles Laub stehen lasse, das hohe wie das niedrige; auch bei Astern. Und kommt einmal Raureif, dann gibt es die schönsten Winterbilder!

Dass sich mit organischen Düngern wie Kompost, Horn und Knochenmehl beste Ergebnisse beim Gemüse erzielen lassen.

Dass abgestandener Pferdemist besonders Erdbeeren und Rosen guttut. Praktisch, wenn man einen Nachbarn mit Pferden hat!

Dass Geduldhaben und Wartenkönnen für Gärtnerinnen ebenso wichtig sind.

Dass andere Gartenfreunde einem zu unerwartet schönen Erlebnissen verhelfen. Mir hat die „Gesellschaft zur Förderung der Gartenkultur" (kurz: „Gartengesellschaft", deren Vorsitz ich im Herbst 2009 an Gabriella Pape übergab) nicht nur faszinierende Gartenreisen, kluge Vorträge, Seminare und Kunstgenüsse beschert, sondern auch ein wunderbares Gesellschaftsleben.

Lieblingspflanzen

Die Linde *(Tilia cordata)*, weil ihr Blühen sagt, dass der Sommer kommt. Alte einmalblühende Rosen. Baldrian *(Valeriana officinalis)*, wenn er blüht und duftet. Narzissen *(Narcissus)* im Frühling. Die kleine Netziris *(Iris reticulata)*; Rittersporn *(Delphinium)* in tiefem Pflaumenblau. Meine Dahlien *(Dahlia*-Hybriden); meine Baumpäonien *(Paeonia-Suffruticosa*-Hybriden) und meine Herbstchrysanthemen *(Dendranthema*-Hybriden) in Rostrot und Altrosa und, und, und.

Alles, was auch vor 300 Jahren in einem Bauerngarten Platz gefunden hätte: Zieräpfel, Dahlien (hier in neuen Züchtungen), der „Kleine Fuchs", der auf Verbenen fliegt, das Stillleben der Herbsternte aus Äpfeln, Quitten und Zwetschgen. Die Herbstzeitlose. Ein Teil des Gartens betont diese „alte Atmosphäre" noch durch Gräser, Schilf und sorgsam geordnete Wildpflanzen wie Springkraut.

Marianne Salentin-Träger

UNTERNEHMERIN MIT EIGENER
PR-AGENTUR, GARTEN-AUTODIDAKTIN.
GARTEN IN HOFHEIM, HESSEN

Vorherige Seite: Hortensienrausch für das Leben im Freien. Das sehr lange schmale Grundstück führt aufs Wohnhaus zu und überrascht mit dieser gekonnt gestalteten Idylle samt Laube, die zusammen mit dem Haus in derselben temperamentvollen Farbe etwas Unverwechselbares schafft.

Hortensien rund ums Kies-Oval, wo der Esstisch steht. Hortensien neben der Gartenbank, am Treppenaufgang, in Pflanzgefäßen. Weiß aufgereiht an der Schmalseite des Hauses, blutfarben vorm Esszimmerfenster und dazu ein Meer in allen Himmelstönen, wie hineingegossen in den Garten – kein Zweifel, Marianne Salentin-Träger hat sich verliebt in den stolzen Wuchs der Hortensien und ihre zerfließenden Farben. Insbesondere in das selbstvergessene Spiel ihrer Farbe Blau, das Rainer Maria Rilke in einem Gedicht so hintergründig beschrieb: „Sie spiegeln es verweint und ungenau, als wollten sie es wieder verlieren, und wie in alten blauen Briefpapieren ist Gelb in ihnen, Violett und Grau; Verwaschnes wie an einer Kinderschürze, Nichtmehrgetragnes, dem nichts mehr geschieht …" Wer in dieses *Hydrangea*-Reich will, muss den langen, schmalen Garten von der Straße her durchqueren, ein Handtuchstück, 50 x 110 Meter lang, und ganz am Ende liegt das bordeauxrote Haus, das den Blick auf die Hortensienversammlung erst freigibt, wenn man das Gebäude umrundet hat. Ein friedvoller Platz ist da an der hinteren Grundstücksgrenze entstanden, ein Kunststück der Gestaltung, weil nichts schwerer ist, als einem Handtuch Flair abzuverlangen. Inspiriert von besonderen Gärten hat Marianne Salentin-Träger sich von einem Gartenarchitekten helfen lassen, hat seine Entwürfe im eigenen Kopf reifen lassen und dann Stück um Stück mit Unterstützung ihrer guten Gartengeister abgearbeitet. „Gut, wenn man sich Zeit nimmt", sagt sie, „denn nicht nur das Gartenbild wandelt sich, auch du selbst veränderst dich ständig. Träumst mal von wilder Fülle, dann wieder von Schlichtheit. Bist hungrig aufs Leben, willst perfekt sein und fürchtest nichts, und eines Tages willst du nur noch, dass alles maßvoll ist und wahrhaftig und du willst nicht mehr wie aufgedreht funktionieren, sondern einfach nur glücklich sein, dass du auf dieser Welt sein darfst." Ein ganzes Lebenskonzept, das sich im Garten spiegeln lässt: das Erstrebte, die Entwicklung, das Belohntwerden, Selbstbescheidung, innerer Friede. Marianne Salentin-Träger hat nie gezögert, sich mit Bravour eigene Ziele zu setzen. Da ist zum Beispiel diese schöne Geschichte mit ihrem Gartentraum: In einer Zeitschrift sah sie einen Garten, der ihr den Atem nahm. Es war das weitläufige, wunderbar ausgearbeitete Areal „Les Confines" der französischen Designerin Dominique Lafourcade in der Provence. Ein Garten vor einem Gutshaus mit hohen Platanen. Eingeteilt in heckenumstandene Räume, Lavendelfelder und Buchsquadrate. Durchzogen von weinberankten Pergolen, Iris-Wegen und einer Schneise aus Olivenbäumen und Zypressen. „Ich wollte diesen Garten unbedingt besichtigen und bin mit meinen Freundinnen Inge, Bärbel und Felicitas nach Avignon geflogen. Nach über zehn Jahren erinnere ich mich an nahezu jeden Moment und jedes Detail – an den herzlichen Empfang von Dominique Lafourcade und ihre liebevollen Erläuterungen. An ihre Mutter, die am steinernen Wasserbecken die Fische fütterte, und an das kleine Ruderboot am Ende des Wasserkanals und den großen Eisenring, durch den man auf die dahinter gelegene große Weide schauen konnte. Jeden Zentimeter sind wir abgegangen. Die Lavendelfelder im Hintergrund kann ich bis heute noch riechen. Ich zehre von diesen Stunden bis zum heutigen Tag." Ihre Gartenkunst – aber auch ihre Lebenskunst – besteht darin, die Verzauberung durch diesen Provence-Garten in alle Planungen mitzunehmen und dennoch etwas Ureigenes, dem eigenen Grundstück Angemessenes zu erschaffen. Als man vor 18 Jahren die geköpften Fichten, die vom Vorbesitzer übrig geblieben waren, entfernte, trat eine 30 Jahre alte Buchenhecke zum Vorschein; seit der Geburt der jüngsten Tochter trägt dieser Platz den Namen „Katharinenhof". Das Gartenhaus erhielt den Namen „Charlottenburg", zu Ehren der ersten Tochter. So bekam der Garten seine Seele. Und danach mehr und mehr sein Gesicht. Vorn an der Straße wurde ein Boccia-Feld angelegt, direkt da, wo man bei Sonnenuntergang gern sitzen bleiben und ein Glas Wein mit den Nachbarn trinken mag. Und siehe da – der Platz ist sehr stimmig umstellt mit Platanen. Lebensglück. „Ich mag die schönen Sonnenaufgänge, dann zieht goldenes Licht durch das ganze Haus. Das macht mich ganz stumm. Das Schönste aber ist, dass ich aus jedem Fenster ins Grüne schaue. Und wenn ich meine Hortensien sehe. Ich hatte von Anfang an das Gefühl, die sind mir zugetan."

Erfahrungen

Dass man dem Garten, wie auch dem Menschen, nichts aufzwingen kann. Er soll sich gut mit einem fühlen.

Dass man sich viele schöne Dinge in einem fremden Garten anschauen, aber es zu Hause möglicherweise nicht umsetzen kann.

Dass man mit der Zeit entscheidet, vieles zu reduzieren und sich auf das Wesentliche konzentriert. Ich hatte unzählige Töpfe auf meiner Terrasse; die sind jetzt alle weggeräumt.

Dass ich allein mit der Wahl der Blattformen ein spezielles Erscheinungsbild erreiche, mal ruhig, mal eigenwillig.

Dass die Träume trotzdem nicht enden: Ein schönes Tor am Eingang möchte ich noch haben. Aber eigentlich will ich nur glücklich sein; nach dem Überperfekten strebe ich nicht mehr.

Lieblingspflanzen

Eigentlich habe ich keine Lieblinge. Aber ich finde Platanen *(Platanus)*, Buchs *(Buxus)*, Iris *(Iris barbata*-Hybriden) im Frühsommer und natürlich Hortensien *(Hydrangea macrophylla*-Hybriden) besonders schön. Rosen mag ich auch, nur habe ich keine Hand für sie.

Hortensien in allen Farben ziehen sich rhythmisch ums Haus herum. Der lange Zugangsweg ist in stillerem Grün gehalten. Im Foto nicht sichtbar, schließen sich rechts ein Garten fürs Sonnenbad und ein Bouleplatz an. Die Bank unten wird von *Hosta* gerahmt.

Erika Pluhar

―⸺―

MEHRFACH AUSGEZEICHNETE
SCHAUSPIELERIN, CHANSONSÄNGERIN
UND AUTORIN

Vorherige Seite: Das alte Gemäuer eines klassizistischen Hauses, die unprätentiös verlegten Sandsteinplatten – das braucht für Erika Pluhars Gartengefühl nur noch das lichtdurchflorte Grün ihrer Bäume. Eine ebenso anspruchslose wie morbid versponnene Stimmung ist hier eingefangen. Verstärkt noch durch Fundstücke aus Stein oder Marmor, wie hier (rechts) das Überbleibsel eines Grabsteins.

Ein Pfad durchs Gesträuch. Das Rauschen des Laubs in hohen Bäumen. Lichtgeriesel von weit oben, wo die Stimmungen des Himmels nur zu ahnen sind. Und dazu ein 200 Jahre altes Haus mit hohen Fensterläden, das den morbiden Charme eines kleinen Palazzos hat. Das ist Erika Pluhars Paradies. Sie würde es so nicht nennen. Eine paradiesische Welt erschiene ihr suspekt. Was sie fesselt, ist das Undurchdringliche, Zwiespältige. Eher darf man sich vorstellen, dass sie sich in ihren wilden Garten schmerzvoll einhüllt vor der Welt, als dass sie die Leichtigkeit eines Arkadiens gesucht hätte. Und doch: Ein friedvoller Ort ist ihr Garten. Verhangen, empfindsam, ungezähmt. Viel mehr ein Garten der Inbrunst als der Melancholie.

Eine besondere Magie hat es schon, wie unendlich sacht sie das Wort „Laub" ausspricht mit ihrer rauchigen Stimme. „Das Wort liebe ich. Wie ich auch dieses Haus liebe. Es hat keine Vorhänge, nur einen Efeuvorhang, ist vollkommen eingewachsen, wo doch alle behaupten, Efeu bekäme dem Gemäuer schlecht, und hinten am Haus ist es umwachsen von Wildem Wein. Fast ist es ein Baumhaus, so dicht sind meine Ahornbäume geworden. Ich fühle mich behütet von all dem Grün. Und beschützt vor dem Bauwahn ringsum."

Ein Haupthaus und ein Nebenhaus gibt es, verbunden mit einer Veranda, die sie „das Zwischendeck" nennt, darüber eine Terrasse, die nur sie betreten kann. „Die schwebt da wie ein Schiff", sagt sie, „und in meiner Dschungelveranda darunter darf alles wachsen, wie es will. Nur was abstirbt, wird herausgenommen. Mein Prinzip ist: Nicht düngen, alles belassen, wie es ist, nur wässern." So behandelt sie auch ihren Garten, an dessen Ende hinter einer Ziegelwand jedes Jahr das alte Laub zusammengetragen wird. „Es sackt zusammen und wird wieder zur Erde – ein Kreislauf ganz ohne Aufgeregtheit. Früher, als das hier noch ein großes Grundstück war, gab es gepflegte Gärten und Tennisplätze mit Veranden, weil die Damen blass bleiben sollten. Davon blieb nur ein kleines Stück Wiese, wo man im Sommer draußen sitzen kann. Manchmal schlendere ich dorthin und schaue in das Laub der Bäume, bis es dämmert."

»Ich fühle mich behütet von all dem Grün«

Der Baum, das Blattwerk, sagt sie, sei für sie ein Elixier. Nichts schöner, als „das Flüstern des Regens" zu hören, wenn erste Tropfen ins Laub fallen. Das war schon so, als sie im Krieg aufs Land geschickt wurde und zum ersten Mal unverletzte Natur kennenlernte. Das war auch so, als sie später zur Schauspielschule ging und ihre Texte in den Gärten von Schönbrunn lernte. „Ich bin gern durch die Alleen gegangen; da konnte ich mich konzentrieren. Es war, wie durch Säle zu schreiten." Viel später, als sie zu schreiben begann, erzählte sie von dem kleinen Mädchen, das sie einmal war und das sich im Garten der Eltern unter Brombeerhecken versteckte: „Sie kauerte dort, still wie ein lauschendes Tier ... Allein und regungslos, beide Arme um die Knie geschlungen, ohne irgendwas oder irgendjemand zu vermissen, in köstlicher Zufriedenheit. Als gäbe es nur noch Erde unter ihren Fußsohlen und dichtes Blattwerk um ihren Kopf ..."

Auch heute noch kann und will sie allein sein. Aber es gibt mehr Wunden in ihrem Leben, als ein Mensch verkraften kann. Die Ehe mit André Heller scheiterte. Ihr nächster Gefährte, der Schauspieler Peter Vogel, nahm sich das Leben. 1999 starb ihre Tochter mit 37 Jahren an einem Asthmaanfall. „Ich lade sehr wenig ein", sagt Erika Pluhar, „eher ist es mein Enkelsohn, der seine Freunde um sich versammelt. Ich mache keine großen Gartenfeste, das hat meine Tochter getan, als sie noch am Leben war. Da gab es Laternen und Kerzen im Garten, und es wurde gegessen und getrunken." In ihrem neuesten Roman „Spätes Tagebuch", der im Februar 2010 erschien, erzählt sie von einer siebzigjährigen Frau, die ihr ähneln könnte. Auch diese Romanheldin lebt in einem schönen alten Haus mit einem Waldgarten und liebt die Spiele des Laubs. „Ich bin aus der Welt geraten, obwohl ich noch lebe", sagt diese Frau. Als an der Grenze ihres Grundstücks Bäume gefällt wurden, warf sie sich dazwischen, wollte sterben, als sie die Sägen nicht aufhalten

konnte. „Ich weinte mir die Seele aus dem Leib, ich weinte um alles, was mir je geraubt worden war." So könnte auch die reale Erika Pluhar reagieren, hat ja denselben unversiegbaren Widerspruchsgeist. Und dieselbe tiefgründige Seele, in der Trauer, Spott, Wildheit, Poesie und Weisheit ihren Platz haben. Und die Sehnsucht nach der Solitude eines stillen, sehr stillen Baumgartens auch.

Wenn das Laub von den Bäumen fällt, lässt Erika Pluhar es lange liegen, um sein Rascheln zu hören. Im Sommer ist der Weg zum Haus verschattet, als ginge man durch eine Höhle.

Erfahrungen

Dass jeder Mensch nach seinem eigenen Garten hungert. Mein erster Mann André Heller hat seinen Garten in Gardone. Er liebt das Gestalten. Wenn ich dort bin, zeigt er mir alte Pflanzen, Raritäten aus anderen Ländern. Mir gefällt, dass es ihm gefällt.

Dass die meisten Menschen der ungebändigten Natur nichts abgewinnen können. Ich mag nicht, wenn jemand in meinen wilden Wiesen und im Unkraut herumtrampelt. Meine Hunde haben das gelernt und sich Pfade gemacht.

Dass Bauwahn eine der schlimmsten modernen Krankheiten ist. Kaum sterben die Bewohner eines Hauses, entsteht eine Luxusanlage, ohne auch nur eine Wiese zu hinterlassen.

Lieblingspflanzen

Ahorn *(Acer)*, Efeu *(Hedera)*, Wilder Wein *(Parthenocissus)* und das, was andere „Unkraut" nennen.

Nicht Blumen, sondern Blattgrün soll diesem Garten seine Stimmungen verleihen – Ausnahme ist ein Runzelblättriger Schneeball *(Viburnum rhytidophyllum)*. Das kleine „Baumhaus" wird durch Stelzen gestützt. Aufwachsen darf, was will. Jeder Baumschössling wird gehegt.

Marianne Rusch

~~~

AUSGEBILDETE GÄRTNERIN UND FLORISTIN,
TEILNEHMERIN DER „OFFENEN GÄRTEN"
IN ÖSTERREICH

Vorherige Seite: Der Garten fügt sich ohne besondere Mauern oder Zäune einfach in die Landschaft ein und empfängt die Besucher mit weißen Ramblern, die vom Dach herunterzuschneien scheinen. Im hinteren Gartenteil blüht die Rose 'Scharlachglut'. Marianne Rusch bindet Sträuße nur aus gekauften Blumen und steckt allenfalls einmal eine Blüte des hinter ihr blühenden Blumenhartriegels an ein Geschenk.
Unten: Von knorrigem Liebreiz ist der Weg, der ins Feld führt; die Pforte soll Wildkaninchen abhalten. Vorn macht sich die Spornblume breit.
Rechts: Schlichte Abgrenzung gegen die Straße – die aufgeschichteten Granitsteine rahmen ein buntes Gemisch aus Rosen, Blutweiderich, Päonien und Blattstauden wie Sibirisches Vergissmeinnicht. Im Herbst übernimmt ein Feuerwerk von Taglilien die Regie.

Bevor sie sich auf den Weg zu ihrem Job macht, muss sie das einfach tun: Einmal durch den Garten gehen und schauen, was frisch aufblühen will. Ein schönes leichtes Gedankengespräch begleitet sie dann. Begrüßungen. Besorgnis. Zufriedenheit. „Wie selbstbewusst ihr da beisammensteht", denkt sie oft, „wie wunderschön ihr seid!" Besonders wenn im Mai ihre vielen Iris-Sorten aufspringen, versucht sie, so wenig Zeit wie möglich mit ihnen zu versäumen. „Sie sind ein Traum, wenn sie blühen, aber sie blühen nur kurz. Und wenn sie blühen, darf es nicht regnen, dann vergehen sie so geschwind, dass man weinen möchte. Ich habe sie alle gemeinsam in ein Beet gesetzt, damit mir kein Anblick entgeht. Und dann sind sie doch nur ein paar Tage da. Aber was blüht schon ewig?"

Eine verzaubernde Vorstellung ist das, wenn Menschen in ihren Garten gehen, um seine Bilder einzusaugen. Lauter Momentaufnahmen. Einfach so. Immer wieder aneinandergereiht, als ließe sich die Ewigkeit fixieren. „Im Garten ist ja viel von der eigenen Geschichte gefangen", sagt die gelernte Gärtnerin Marianne Rusch. „Man träumt seine Träume in ihm. Man träumt sie hinein. Man ist stolz, wenn etwas gelingt, und weiß, wie viel vergebliche Mühe auch im Garten steckt. Man erinnert, wie karg alles begann und wie wunderbar etwas werden kann. So verwächst man über die Jahre mit seinem Garten, und er gibt einem Ruhe und Schutz und Vorfreude auf das, was morgen wieder neu in ihm ist."

Sie hat Glück: Ihr Mann, ein geborener Wiener, wäre von Herzen gern Bauer geworden und zog begeistert aufs Land. Ihre inzwischen halbwüchsigen Töchter fanden es wunderbar, als „Freilandkinder" aufzuwachsen, wie sie sich scherzhaft nennen, und sind heute längst von der Gartenliebe erfasst; die Ältere der beiden hat bereits entschieden, Gärtnerin zu werden.

»Ohne Garten würde ich verkümmern«

Als Marianne Rusch diesen Ort in St. Leonhard im österreichischen Waldviertel fand, war da nur eine Ruine, die vor 200 Jahren mal ein kleines Gehöft gewesen sein mag. 13 000 qm Land gehörten dazu, einsam gelegen, an drei Seiten von Wald umgeben. Zwei Jahre hatten sie und ihr Mann zu tun, die verfallenen Gebäude bewohnbar zu machen. „Es gilt ja auch, die Seele eines Hauses zu entdecken: Wie haben die Menschen hier gelebt, von woher hat man die Steine zu ihnen gebracht …" Der Garten? Etwas Eigenes sollte er werden. Anders als der Garten der Kindheit und doch voller vertrauter Ideen. Die Eltern hatten einen kleinen Bauernhof besessen. Zwei Kühe, ein paar Schweine, einen Gemüsegarten. Der Vater war Imker, man zog ein paar Blumen – „gerade genug, immer einen Strauß ans Grab zu bringen, und wir Kinder wuchsen frei auf in einer glücklichen Kindheit". Die Gärten, die sie während der Lehrzeit kennenlernte, prägten sich nicht sehr tief ein – man hatte ihre Begabung entdeckt, schönste Blumen-Stillleben zu stecken und sie flugs zur Floristin gemacht. Der eigene Garten, sagt sie, wuchs ganz ohne Plan aus ihr heraus: „Ich glaube, ich habe immer nur fröhlich drauflos gepflanzt. Salat zwischen die ersten Rhododendren. Pflanzen,

Das wilde Gemüse- und Kräuterbeet ist mit weißer Schafgarbe durchsetzt. Hinten auf der lichten Wiese wachsen Glockenblumen. Eine Reihe Nussbäume grenzt das Grundstück gegen den Wald ab.

die ich selbst vermehrt hatte oder von Freundinnen geschenkt bekam. Es gab kein Konzept außer der Idee, dass es ein spielerisch zusammengestellter Garten sein sollte, nichts Formales. Und dass es am liebsten Pflanzen sein sollten, die vom Frühjahr an wachsen, und im Herbst gibt's dann ein gemeinsames Feuerwerk."

Inzwischen hat sie rund ums Haus viele verschiedene Gartenstimmungen ineinanderfließen lassen. Leichtfüßig, bäuerlich heiter, gekonnt inszeniert. „Wenn ich unruhig bin", sagt Marianne Rusch, „zieht es mich dahin, wo die kräftigen Farben sind. Darf ich so sein, wie ich bin, pflanze ich nur Blumen in sanften Tönen. Gehen mir Fragen durch den Sinn oder brauche ich Trost, gehe ich zu den alten Nussbäumen. Da ist alles sehr natürlich bepflanzt mit Wiesenblümchen und Glockenblumen, und da sitze ich dann und denke nach." Diese Art Symbiose zwischen der Gärtnerin und ihrem Garten – hat sie mit Ehrfurcht zu tun oder mit der Nähe, die durch nicht nachlassende Pflege entsteht? „Ohne Garten würde ich verkümmern", sagt Marianne Rusch. „Er ist da, und er macht mir Freude, und ich sorge für ihn. Ich könnte nicht einmal Blumen für einen Strauß aus ihm schneiden. Ich warte ein Jahr, dass sie blühen, und dann soll ich sie abschneiden? Nicht die eigenen! Das sind doch alles meine Kinder."

Erfahrungen

Dass man sich auf die Pflanzen beschränken sollte, die dort gern wachsen, wo man sie pflanzt.

Dass man flächig pflanzen sollte. Frauenmantel *(Alchemilla mollis)* z.B. wächst füllig, Storchschnabel *(Geranium)* auch.

Dass das Blattmuster das ganze Jahr entscheidend ist, die Blüte hingegen nur kurze Zeit.

Dass Unterpflanzungen wenig Pflege brauchen und besonders Rosen gut tun.

Dass man nichts erzwingen soll. Bei uns wachsen keine Marillen, und auch Birnbäume mögen unseren Boden nicht.

Dass man den Charme einmal blühender Pflanzen entdecken sollte, statt Dauerblüte zu erwarten. Meine Rose 'Scharlachglut' blüht nicht lange, aber ihre Hagebutten im Herbst sind mir die größte Freude.

Lieblingspflanzen

Iris *(Iris)*, davon habe ich ungefähr 40.
Von Taglilien *(Hemerocallis)* besitze ich 50 Sorten.
Außerdem liebe ich Pfingstrosen *(Paeonia)*. Und fürs Frühjahr die gelben Narzissen *(Narcissus)*.

Zierapfelsträucher und der schneeweiß blühende Blumenhartriegel *(Cornus kousa)* setzen vertikale Effekte; Schafgarbe und die raumgreifende Spornblume besetzen den lichten Schatten, in dem sich im Frühjahr Massen von Schneeglöckchen, Narzissen und Osterglocken ausbreiten. Eine flachblütige weiße Rambling Rector passt gut zu der Anmutung von Urwüchsigkeit.

Liz Mohn

VORSITZENDE DER BERTELSMANN-VERWALTUNGSGESELLSCHAFT, AUFSICHTSRATSMITGLIED DER AG, IM VORSTAND DER BERTELSMANN-STIFTUNG, GRÜNDERIN DER LIZ MOHN KULTUR- UND MUSIKSTIFTUNG

Vorherige Seite: Antike Sandsteinfiguren schmücken einen der stillen Plätze dieses Parks. Die ehrwürdigen Baumriesen aus den Tagen, als hier noch ein Bauernhof das Bild prägte, wurden erhalten und nehmen die behäbige Stimmung der westfälischen Landschaft auf. Geprägt wird der Garten durch Skulpturen verschiedener Epochen, die Liz Mohn auf ihren vielen Reisen zusammengetragen hat; darunter romantische und höfische Szenen, wie das kleine Foto zeigt

Man muss seinen Platz im Leben gefunden haben, um einen Park wie diesen sein Eigen zu nennen. Man muss es aushalten können, sich auf einer Bühne zu bewegen. Man braucht einen festen Schritt. Für Liz Mohn gilt das alles. Sie ist eine der wichtigsten Frauen Deutschlands. Sie repräsentiert und regiert ein Imperium. Sie ist Bertelsmann; die Chefin, die die Fäden zieht. Aber wenn sie von ihrem Garten spricht, schwingt da ein sanfter Ton mit, der auch etwas von der geheimen Liz Mohn ahnen lässt – einer Frau, die weich und träumerisch sein mag und ihre Kraft aus Momenten des Verbundenseins mit ihrer Umwelt bezieht. „Mein Garten ist mein persönliches Paradies. Ein Ort, an dem ich Natur spüren und genießen kann und mich selbst als Teil der Natur fühle: gut aufgehoben und fest verwurzelt."

Sie erzählt, wie sie schon als kleines Mädchen Weite um sich fühlen wollte. „Ein Garten war mir damals zu eng. Ich war voller Neugier auf das Unbekannte in meiner Umgebung, habe mit den Pfadfindern Wiesen und Wälder erkundet, Pflanzen und Tiere entdeckt. An den Zweigen einer Trauerweide am Flussufer habe ich mir selbst das Schwimmen beigebracht." Das vertraute hübsche Spiel gilt auch hier: Erinnere dich an die Gärten der Kindheit, und es scheint ein ganzer Lebensentwurf darin eingefangen. „Ich bin im Rosenmonat Juni geboren; Rosen sind meine Lieblingsblumen", sagt sie. Deshalb liebe ich meinen Garten zu dieser Zeit ganz besonders. Überall blüht und duftet es herrlich. Unser Tulpenbaum *(Liriodendron tulipifera)* zeigt sich in seiner ganzen Schönheit. Ich genieße die Licht- und Schattenspiele, den Duft der Blüten, die warme Luft und das Geplätscher der Fontänen."

Als Gary Rogers den Garten im Herbst fotografiert, tritt mehr die Gelassenheit hervor, die unter den alten Bäumen zu liegen scheint. Elegische Stimmungen ergeben sich, wenn Nebel aufsteigt. Das Laub weht in wildem Spiel über den Rasen. Nur die vielen Hortensien, die sich auf von Feldsteinen gestützten Erhebungen ausbreiten, haben ihre schönste Zeit schon hinter sich. Liz Mohn ficht das nicht an. „Ich freue mich das ganze Jahr auf die Zeit, wenn sich die Blüten meiner Hortensien von ihrer Sommerfarbe Weiß verabschieden und langsam rosa werden. Ein wunderschöner Anblick! Und gleichzeitig sehen sie so zerbrechlich, so vergänglich aus. Auch wenn sie jetzt vergehen – es ist tröstlich, dass ich weiß: auch nach einem kalten Winter kann ich mich im nächsten Jahr wieder über ihre Blüten freuen."

Als Liz Mohn ihren Garten anlegte – in Absprache mit ihrem Mann, einem Landschaftsarchitekten und dem Gärtner –, war ihr wichtig, dass sich auf dem Gelände eines ehemaligen Bauerngehöfts das Naturhafte der westfälischen Landschaft mit kunstvoller Gartengestaltung verbindet. Vor allem die alten Eichen sollten erhalten bleiben. „Sie bedeuten für mich Stärke und Schutz. Oft stelle ich mir vor, welch spannende Geschichten diese alten Bäume wohl zu erzählen haben." Immer sind diejenigen Menschen in ihrem Garten am glücklichsten, die vor der Planung nach dem inneren Bild fahnden, das sie von einem Garten in sich tragen. Für Liz Mohn vermengte sich die Schnörkellosigkeit ihrer westfälischen Heimat mit der Pracht repräsentativer Gärten – und mit der Lust, sich über die Grenzen des Alltäglichen zu wagen. „Mir gefällt das gelungene Zusammenspiel von Natur und kunstvoller Gestaltung, wenn sich die Natürlichkeit, das Wilde und Verspielte der Pflanzen mit der Schönheit barocker Kunst verbindet."

So ist ein Park entstanden, in dem man den stillen Atem alter Bäume spürt, eingebunden in die heiteren wie in die melancholischen Stimmungen der Jahreszeiten. Und gleichzeitig präsentiert er einen ebenso kapriziösen wie sentimentalen Blick auf die Welt – eingefangen in Statuen, Tierbronzen und Putten, die Liz Mohn während vieler Reisen auf Auktionen und Antikmärkten erwarb. Besonderer Blickfang ist ein langes Wasserbecken, das von den steinernen Figuren einer höfischen Barockgesellschaft geschmückt wird. Noch in der Dunkelheit leuchten die Figuren, als wären sie aus einer anderen Zeit in diesen Park gewandert. „Ich freue mich über den Blick auf das Spiegelbecken, den Teich und seine Wasserspiele", schwärmt Liz Mohn. Zu ihren Lieblingsplätzen gehört der kleine „Sonnentempel" unweit des Wohnhauses. „Er hat für mich eine ganz besondere Aura. Hier halte ich mich

Rechts: In der Melancholie eines frühen Herbsttages bekommen die aufgestellten Figuren etwas Unwirkliches. Diese Skulptur stellt eine Wasserschöpferin am Brunnen dar.
Unten: Auf der Anhöhe am Rand des Teiches verblühen die Hortensien. Im Hintergrund sieht man das Teehaus.

»Mir gefällt das gelungene Zusammenspiel von Natur und kunstvoller Gestaltung«

vor allem im Sommer gern auf – umgeben von den weiblichen Statuen, die als Säulen das Dach des Tempels tragen: eine handbemalte Glaskuppel wie ein Himmel. Wenn die Sonne scheint, tanzen in der Kuppel tausend Farben." In diesem Garten, sagt sie, gibt es viele Orte an denen schon besonders kreative Ideen für ihre Projekte entstanden sind. „Hier schöpfe ich Kraft und Energie. Ich kann mich entspannen und den Gedanken nachhängen, die mich bewegen. Hier finde ich die Ausgeglichenheit, die ich für meinen betriebsamen Alltag brauche." Zufriedenheiten. Sinnerfüllung. In der breiten Öffentlichkeit wird Liz Mohn vorwiegend durch ihre Rolle innerhalb der Bertelsmann-Stiftung wahrgenommen oder als Präsidentin der Stiftung Deutsche Schlaganfall-Hilfe, die sie aufgrund persönlicher Erlebnisse in der Familie gründete und deren Schirmherrin sie ist. Seit 2005 hat sie sich zudem einen Namen mit der „Liz Mohn Kultur- und Musikstiftung" gemacht, mit der sie junge Künstler fördert. Auf den Wirtschaftsseiten der Presse erkennt man deutlicher, welche Verantwortung sie für den Konzern trägt, hat ja nicht nur – als Sprecherin der fünften Generation der Inhaberfamilie Bertelsmann/Mohn – den Vorsitz der Bertelsmann Verwaltungsgesellschaft inne, sondern ist auch Aufsichtsratsmitglied der Bertelsmann AG. Ein wahrhaft volles Berufsleben.

Seit ihr Mann, Reinhard Mohn, im Oktober 2009 starb, ruhen viele Erwartungen auf ihr. Der Garten ist ihr Refugium, in dem sie auch die Buntheit des Lebens genießen kann. „Ich habe gern Menschen um mich und lade sie auch oft zu mir in den Garten ein. Es ist mir immer wieder ein großes Vergnügen, Gastgeberin zu sein und unseren Besuchern die Anlage zu zeigen. Und wenn es der Zeitplan zulässt, findet sich hier auch die Familie ein. Da sitzen wir oft sehr lange, unterhalten uns und schwelgen in Erinnerungen."

Links: Buchenbögen führen zu dem kleinen Tempel, dessen Dach von Göttinnen getragen wird. Wenn die Sonne hineinscheint, wirft das mit Blumen und Vögeln bemalte Glasdach verwirrend schöne Farben auf den Boden.

Erfahrungen

Dass mein Garten mir Geborgenheit und Kraft gibt. Hier spüre ich meine Wurzeln, fühle mich lebendig – eins mit der Natur.

Dass eine Pflanze zerbrechlich ist und sensibel wie ein Kind. Sie muss umsorgt werden, damit sie gedeihen kann. Wir sind wie Pflanzen, die gehegt und gepflegt werden müssen.

Dass Blumen durch die Sonne wachsen, Menschen durch die Liebe.

Dass wir wie die Natur den Wandel der Jahreszeiten brauchen, um Kraft zu schöpfen und uns weiterzuentwickeln. Nur wer Herbst und Winter erlebt hat, kann den neuen Frühling und den Sommer genießen.

Lieblingspflanzen

Rosen mag ich sehr; vor allem die 'Eden Rose 85' mit ihren nostalgisch-romantischen Blüten. Besonders gefallen mir Blüten in meinen Lieblingsfarben Rosa und Weiß. Auch dem leuchtend roten Klatschmohn *(Papaver rhoeas)* fühle ich mich innig verbunden. Das hängt wohl mit dem Familiennamen zusammen. Mehr noch mit seiner strahlenden Farbe und dem Bild von Zartheit und Robustheit.

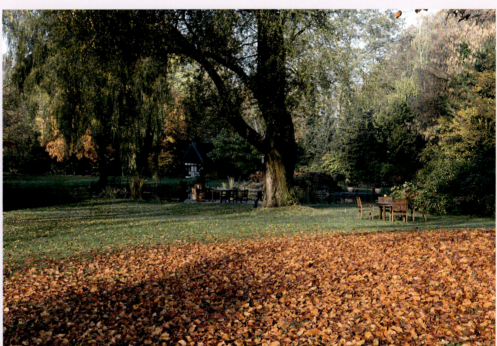

Im gesamten Garten setzen Statuen und Putten wie diese die Akzente. Hier ist der Muschelbrunnen umpflanzt mit Heidekraut, Heiligenkraut und Buchs. Der weite Blick in den Park zeigt die Überlebenskraft der Baumriesen – die Ahnung von Vergänglichkeit und Wiederbeginn, wie das Laub und die verblühten Hortensien es tun.

ADRESSEN

Rendel Barton
PRIVATGARTEN
Lippstadt-Benninghausen, Nordrhein-Westfalen

Ann-Katrin Bauknecht
PRIVATGARTEN
Tessin

Elisabeth Fürstin von Bismarck
GARTEN DER SCHMETTERLINGE
Am Schlossteich 8, 21521 Friedrichsruh, Schleswig-Holstein
Tel. 04104 / 60 37
Geöffnet von Frühlingsanfang bis 1.Advent
täglich von 9.00 – 18.00 Uhr,
im Monat November von 10.00 – 17.00 Uhr
www.garten-der-schmetterlinge.de

Brigitte von Boch
PRIVATGARTEN
Britten, Saarland

Viktoria von dem Bussche
IPPENBURGER GÄRTEN
Schloss Ippenburg, Schlossstraße 1,
49152 Bad Essen, Niedersachsen
Telefon 05472 / 44 75
Geöffnet zu den Festivals und von Mitte Juni
bis Mitte September von 11.00 – 18.00 Uhr.
In der Woche ist der Park geschlossen.
Genaue Termine unter www.ippenburg.de

Uschi Dämmrich Freifrau von Luttitz
PRIVATGARTEN
Weyarn, Bayern

Eva Demski
PRIVATGARTEN
Frankfurt, Hessen

Frederike Frei
PRIVATGARTEN
Potsdam, Brandenburg

Gaby Hauptmann
PRIVATGARTEN
Allensbach, Baden-Württemberg

Monika Kasberger
GARTEN MONIKA KASBERGER
Thanham 4, 94086 Bad Griesbach, Bayern
Tel. 08532 / 89 00
Besuch nach telefonischer Absprache möglich
www.monis-rosengarten.de

Andrea Kögel
PRIVATGARTEN
Baden-Baden, Baden-Württemberg

Anke Kuhbier
PRIVATGARTEN
Kulpin, Schleswig-Holstein
www.gartengesellschaft.de

Ilka Mahro
GARTEN ILKA MAHRO
Bliesdorfer Str. 31, 23730 Schashagen, Schleswig-Holstein
Tel. 04564 / 10 69
Geöffnet jeden 1. Sonntag von Mai–Oktober von 11–17 Uhr.
Von Anfang Juni bis Ende September zusätzlich
jeden Mittwoch von 15 – 18 Uhr.
www.offenergarten.de

Hannelore Mattison Thompson
PRIVATGARTEN
Schlangenbad, Hessen
Tel. 06129 / 59 99 91
Besuch nach telefonischer Absprache möglich

Catherine Gräfin Matuschka
GARTEN MARIENSCHLÖSSL

Marienschlössl Wiedendorf, Schlossstrasse 5,
3491 Straß im Straßertal, Österreich
Tel. Mobil +43(0) 664 468 53 93
Geöffnet vom 1.–30. Juni (Rosenblüte)
täglich von 10–18 Uhr
Von Mitte Mai bis Mitte September ausschließlich
nach Vereinbarung für Gruppen ab 10 Personen
www.marienschloessl.at

Liz Mohn
PRIVATGARTEN

Gütersloh

Ingrid Noll
PRIVATGARTEN

Weinheim, Baden-Württemberg

Gabriella Pape
KÖNIGLICHE GARTENAKADEMIE

Altensteinstr. 15 a, 14195 Berlin-Dahlem
Tel. 030 / 83 22 090-0
Geöffnet siehe www.koenigliche-gartenakademie.de

Erika Pluhar
PRIVATGARTEN

Grinzing, Österreich

Marianne Rusch
PRIVATGARTEN

St. Leonhard, Österreich

Marianne Salentin-Träger
PRIVATGARTEN

Hofheim, Hessen

Ursula Schnitzke-Spijker
GARTEN URSULA SCHNITZKE-SPIJKER

Bleichstraße 16a, 63571 Gelnhausen-Hailer, Hessen
Tel. 06051 / 61 286
Geöffnet am 2. Wochenende im Juni
und nach telefonischer Absprache

Petra Steiner
PRIVATGARTEN

Feldkirchen-Westerham, Bayern

Claudia Wolf
GARTEN WOIDROSERL

Pfistermühle 42 ½, 94209 Regen, Bayern
Tel 09921 / 90 43 80
Geöffnet vom 1. April–31. Juli,
Montag–Freitag von 13–18 Uhr.
Ab 1. August nach telefonischer Vereinbarung.
Zur Rosenhochblüte ist der Garten auch
an den Wochenenden geöffnet
www.woidroserl.de

IMPRESSUM

© 2010 Verlag D.W. Callwey GmbH & Co. KG
Streitfeldstraße 35
81673 München
www.callwey.de
E-Mail: buch@callwey.de

3. Auflage 2010

Bibliografische Information der Deutschen Nationalbibliothek
Die Deutsche Nationalbibliothek verzeichnet diese Publikation in der Deutschen Nationalbibliografie; detaillierte bibliografische Daten sind im Internet über http://dnb.d-nb.de abrufbar.

ISBN 978-3-7667-1821-1

Das Werk einschließlich aller seiner Teile ist urheberrechtlich geschützt. Jede Verwertung außerhalb der engen Grenzen des Urheberrechtsgesetzes ist ohne Zustimmung des Verlags unzulässig und strafbar. Das gilt insbesondere für Vervielfältigungen, Übersetzungen, Mikroverfilmungen und die Einspeicherung und Verarbeitung in elektronischen Systemen.

Lektorat: Karin Heimberger-Preisler
Umschlaggestaltung: independent medien-design
Layoutentwurf: independent medien-design
Satz: Daniela Petrini, petrinidesign
Druck und Bindung: Fotolito Longo, Bozen
Printed in Italy

BILDNACHWEIS

Alle Fotos in diesem Buch stammen von Gary Rogers, mit Ausnahme von:
S. 13 AP Photo / Ron Edmonds
S. 39 mit freundlicher Genehmigung von „Mein schöner Garten"
S. 146 - 151 Thomas Topf
S. 158 Manfred Bockelmann

DANK

Den Vorgängerband „Besondere Frauen und ihre Gärten" habe ich den drei wichtigsten Frauen in meinem Leben gewidmet, meiner Frau Karin und meinen beiden Töchtern Jaana und Nadja. Die gilt noch immer, aber ich möchte in diesem neuen Buch darüber hinaus drei andere sehr besondere Frauen nennen, die meinen Lebensweg als Fotograf maßgeblich mitbestimmt haben. Alle drei sind Engländerinnen und alle drei sind sehr bekannt in der Gartenwelt.

Zunächst ist da Lady Caroline Sommerset (die spätere Duchess of Beaufort), der zusammen mit ihrem Mann David das wunderschöne Schloss „Badminton" gehört. Caroline hat in mir als jungem Reisefotografen das bis zum heutigen Tage andauernde Interesse und die Liebe zum „Englischen Garten" geweckt. Sie öffnete mir viele Türen zu den großen englischen Anwesen und Gärten und ermutigte mich, mich auf die Gartenfotografie zu konzentrieren.

Ebenfalls einen wichtigen Einfluss auf meine Karriere hatte die wunderbare Rosemary Verey. Ich traf Rosemary kurz nachdem ihr erstes Gartenbuch erschienen war und seitdem waren wir befreundet. Rosemary verwendete meine Bilder als Illustration ihrer Bücher und Seminare. Ihr ist es zu verdanken, dass Gartenbücher heute eine so große Rolle spielen. Sie war wie eine Mutter zu uns Gartenfotografen – ein heißer Tee und ein Mittagessen standen immer bereit. Für viele meiner Kollegen war ihr Garten in Barnsley wie ein zweites Zuhause in den Cotswolds.

Die Dritte meiner Damen ist vielleicht die bekannteste, meine liebe Freundin Debo, Herzogin von Devonshire, die zusammen mit ihrem Mann Andrew eine Ruine in einen weltberühmten Garten verwandelte: die fantastische Anlage „Chatsworth". Ich arbeite mit Debo nun schon seit 20 Jahren daran, diesen wunderbaren Garten zu fotografieren, und wir sind enge Freunde geworden. Sie hat einen verschmitzten Sinn für Humor, und es ist immer eine Freude, in ihrer Gesellschaft zu sein. Sie wird 90 dieses Jahr, ist aber immer noch sehr aktiv, blitzgescheit und eine englische Schönheit im wahrsten Sinne des Wortes.

Alle drei Damen, jede auf ihre Art, haben mich ermutigt und den Lebensweg, der mich bis hierher geführt hat, ganz wesentlich beeinflusst. Ich genieße jeden Moment in dieser wunderbaren Welt der Gartenfotografie.

Und natürlich ein großes Dankeschön an all die wundervollen Gartenbesitzerinnen in diesem Buch, die ihre Gärten und Herzen im letzten Jahr für mich geöffnet haben.

Gary Rogers, Fotograf

aszinierende Frauen und ihre

9783766718211.3